तुकबंद - जज़्बात

an emotional roller coaster

GAURAB VERMA

notionpress.com

INDIA • SINGAPORE • MALAYSIA

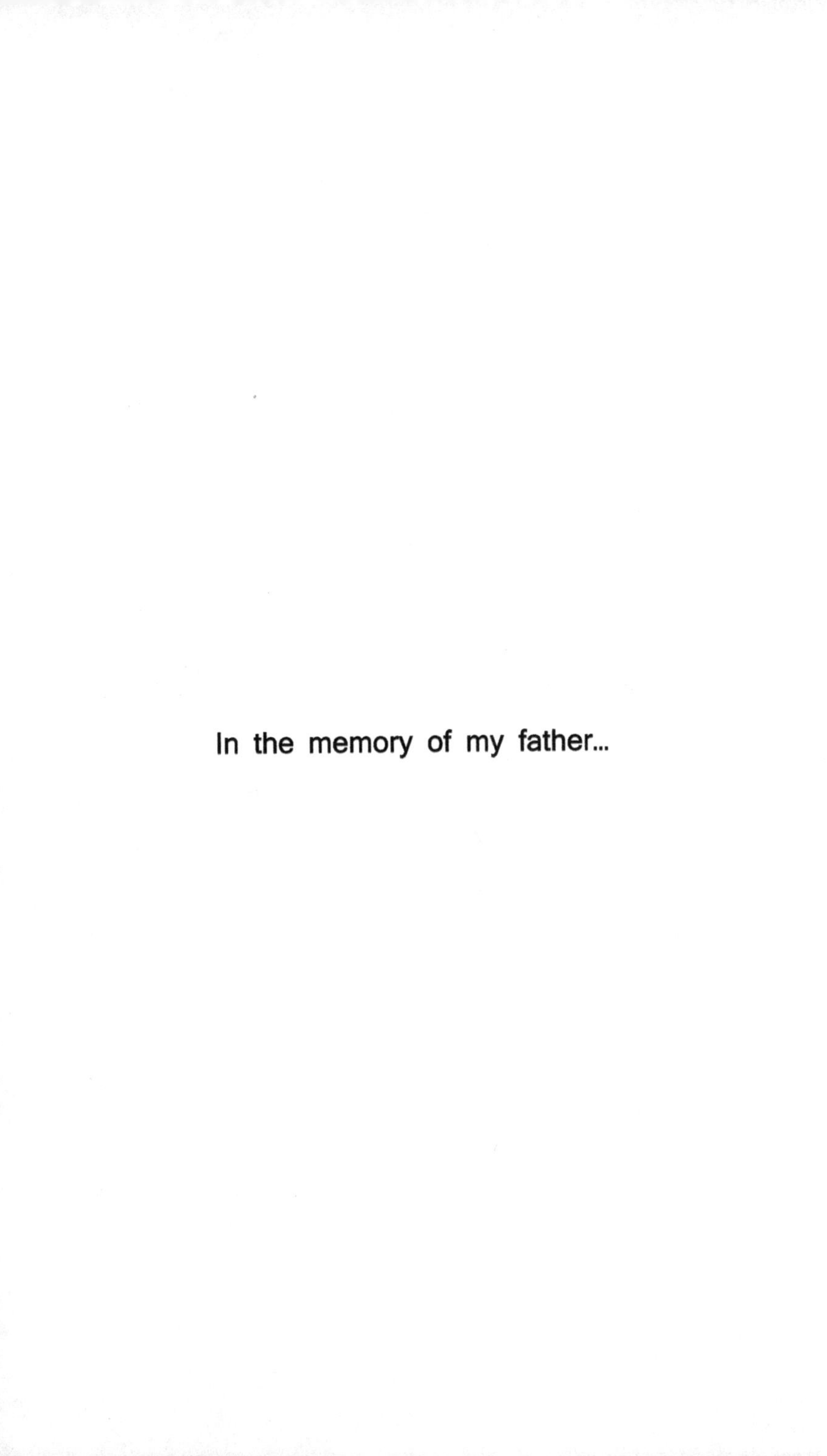

In the memory of my father...

"I am a man and all that affects mankind concerns me."

- Bhagat Singh

अनुक्रमणिका

प्रस्तावना 7

1. "टुकड़ों में सही" 13

2. "खप्पर वाले घर" 16

3. "अब देखा नहीं जाता है" 19

4. "थाली बजती देखी साहब" 22

5. "पिंजरे में परिंदा रखते हैं" 25

6. "वो कौन है?" 28

7. "मेरी माँ के जैसी" 31

8. "वो वसंत जो लाएगा" 34

9. "निगेहबान आँखें" 37

10. "बाँकी सब दुनियादारी है" 40

11. "उजली साड़ी" 45

12. "खुशियों की गिलहरी" 48

13. "हलाल है या झटका है" 50

14. "मैं आपकी तरह दिखता हूँ" 54

15. "सब चंगा सी" 58

16. "जब गाड़ी टेशन से छूटेगी"........................ 61

17. 'मैं ऐसा क्यों हूँ?'.............................. 65

18. "लाज़ की चादर"............................... 82

19. "वो बुढ़िया"................................... 85

20. "देखा था तुमको माँ"........................... 88

21. "क्षणिकाएँ".................................... 91

22. "नमस्कार! मैं रवीश कुमार"................... 96

23. "दोस्ती अपना धंधा था"...................... 100

24. "one will be there"......................... 103

25. "कोरोना!! अभी रहने दो न…"................ 106

26. "तुम्हारे आने से"............................. 110

27. "भूरे सपने"................................... 115

28. "रब ही जाने"................................. 118

29. "आँखों की गवाही"............................ 120

30. "आपका होना".............................. 124

31. "शिकवे और कई हैं"........................ 126

32. "कुछ हिस्सा मेरा"........................... 129

प्रस्तावना

नाचीज़ को "गौरव" कहते हैं। अभी-अभी सैंतीसवाँ वसंत पार किया है और पेशे से एक बैंकर हूँ। क्या मैं हमेशा से एक बैंकर बनना चाहता था? "नहीं"। चाहता तो था कि पत्रकार बनूँ पर तैयारी की सिविल सेवा परीक्षा की और बन गया एक बैंकर। आप हँस रहे होंगे, पर यह सब सच है। हाँ मेरे बारे में एक और सच यह है कि मैं उस दुर्लभ प्रजाति में से एक हूँ जिसे "इंसान" कहते हैं। *यहाँ आप "होमो सेपियंस" को इंसान समझने की भूल मत कीजिएगा।* इंसान आज एक दुर्लभ प्रजाति है और "संवेदनशील इंसान" अति-दुर्लभ।

यह संवेदनशीलता मुझमें शायद जन्मजात रूप से आई। अति-संवेदनशीलता आपको पागल बना सकती है। मुझे भी बना देती लेकिन मैंने समय रहते इसका तोड़ ढूंढ निकाला। *"संवेदना का बोझ, अभिव्यक्ति से हल्का होता है।"*

अभिव्यक्ति का तरीका सब का अपना अलग हो सकता है। कोई चीख चिल्ला कर, कोई हँस कर तो कोई रो कर अपनी संवेदनाओं को व्यक्त करता है। **मैं लिख कर करता हूँ।**

अपनी संवेदना को, अपनी पीड़ा को और अपनी कैफ़ियत को शब्दों में पिरो कर कविता के माध्यम से व्यक्त करना मेरे लिए इस बोझ को हल्का करने का तरीका है। यह पुस्तक "तुकबंद जज़्बात" एक संकलन है जीवन के विभिन्न पड़ावों

और विभिन्न सामाजिक घटनाओं से प्रेरित मेरी संवेदनाओं की अभिव्यक्ति का।

मैं ना तो कोई सदाबहार लेखक हूँ और ना ही अपनी इच्छानुसार कभी भी लिख पाता हूँ। ऐसा भी होता है कि कई-कई महीने या साल मैंने कुछ ना लिखा हो और कभी कुछ ही दिनों के अंतराल में काफी कुछ लिखा हो। *मेरी लेखनी को मेरी संवेदनाएँ संचालित करती है।* और यह संवेदना एक ऐसी चीज़ है जिसे कृत्रिम रूप से नहीं बनाया जा सकता।

कविताओं को पढ़ते हुए अगर वही संवेदना, वही पीड़ा और वही जज़्बात आप में स्थान्तरित हो पायी, जो मैंने उसे लिखते वक़्त महसूस किया, तो मैं समझूँगा कि मेरा यह प्रयास और यह संकलन अपने उद्देश्य पर खरा उतरा।

कुछ लोगों को धन्यवाद दिए बिना यह प्रस्तावना पूरी नहीं होगी, जिनकी प्रेरणा और सहयोग से यह पुस्तक साकार हो पायी। मेरे पिता जी, जिन्हें मैंने पिछले साल खो दिया, और जो मेरी हर कविता के प्रथम पाठक और समीक्षक रहे। मेरी माँ, जिसकी माने तो मुझसे बढ़कर कोई कवि आज तक पैदा ही नहीं हुआ। बचपन से ही मेरी लेखनी के पहले दो प्रशंसक मेरा छोटा भाई और मेरी छोटी बहन। मेरे मित्र और सहकर्मी जिन्होंने हमेशा मेरा उत्साह बढ़ाया। मेरी पत्नी और मेरी बेटी जिन्होंने अपने हिस्से के मेरे समय का बलिदान दिया ताकि मैं यह पुस्तक पूरी कर पाऊँ।

धन्यवाद कैनवा का शानदार कवर डिजाइनिंग के लिए। धन्यवाद एडिटिंग टीम का उनके अनगिनत घंटों के अथक प्रयास के लिए। धन्यवाद नोशन प्रेस पब्लिकेशन का जिनकी

वजह से आज यह पुस्तक यथार्थ रूप में मेरे और आपके हाथों में है।

धन्यवाद आपका जिन्होंने ना सिर्फ इस पुस्तक को खरीदने के लिए अपनी मेहनत की कमाई खर्च की है और अब अपना बहुमूल्य समय देने जा रहे हैं इसे पढ़ने के लिए। पुस्तक पर अपनी राय मुझे भेजें और मुझसे जुड़ें।

सोशल मीडिया पर मैं आपको फ़ेसबूक और इंस्टाग्राम पर tukband_jazbat के नाम से मिल जाऊँगा। आप मुझे ईमेल कर सकते हैं tukband_jazbat@yahoo.com पर। आपके संदेशों का इंतजार रहेगा।

तो आइए शुरू करते हैं जज़्बातों की तुकबंदी।

गौरव वर्मा।

8 मई 2020। देश में कोरोना महामारी की वजह से लॉकडाउन लागू था। *लॉकडाउन का अर्थ समाज के विभिन्न तबकों के लिए अलग-अलग था।* आर्थिक रूप से समृद्ध वर्ग के लिए लॉकडाउन का अर्थ था अपने घरों में, अपने परिवार के साथ सुरक्षित बंद रहना।

किन्तु समाज के एक वंचित वर्ग 'प्रवासी मजदूर', जो शहरों में दिहाड़ी मजदूरी करते हैं, रिक्शा चलाते हैं, फैक्टरियों में काम करते हैं, सड़क बनाते हैं या भवन निर्माण के कार्य करते हैं, उनके लिए लॉकडाउन का अर्थ था कमाई के श्रोत का बंद होना और अपने परिवार, बच्चों व गृहस्थी को कंधों पर लाद कर पैदल अपने गावों की ओर हजारों किलोमीटर की कष्टप्रद यात्रा पर निकलना।

रास्ता भटकने और पुलिस के भय से कई मजदूर उस दौरान सड़क मार्ग की बजाय रेल की पटरियों पर चल कर अपने गाँवों की ओर जा रहे थे। प्रवासी मजदूरों का एक ऐसा ही जत्था 8 मई 2020 को महाराष्ट्र के औरंगाबाद के निकट रेल की पटरियों पर यह सोच कर कि, लॉकडाउन में पटरी पर कोई रेलगाड़ी नहीं आएगी, जब थक कर निश्चिंत सो रहा था, तब एक मालगाड़ी की चपेट में आने से भयानक दुर्घटना का शिकार हुआ। 16 प्रवासी मजदूर कट कर मर गए।

इस घटना ने मेरे अन्तर्मन को झकझोड़ कर रख दिया और उस वक़्त अपनी सारी वेदना और पीड़ा को मैंने "टुकड़ों में सही" नामक कविता के माध्यम से व्यक्त किया।

तुकबंदी # 1

"टुकड़ों में सही"

गाँव से अम्मा की बुलाहट
यहाँ भूखे बच्चों की बिलबिलाहट
और सह नहीं पाएंगे॥

हमने बिल्डिंग बनाई पुल बनाए
तो अब जो ठान लें तो क्या
अपने गाँव पहुँच ना पाएंगे?

ये मजदूर के पाँव है बाबूजी
सड़क पे चले तो मोटर गाड़ी
पटरी पे चले तो रेल गाड़ी बन जाएंगे॥
बिरजू ने कहा पटरी - पटरी चलो भैया
गाँव जल्दी पहुंच जाएंगे॥

बिहान हुई चली हवा मंद
थक कर हम लेटे किए आँखें बंद॥

चारपाई पे दिखी हमको माई
और गोरथारी में लेटे हम
नई फ्रॉक में खेले बिटिया
मुनिया की अम्मा से कर लूं बातें चंद॥

अबकी गाँव में बड़ी मौज़ रहेगी
आम भी छक्क कर खाएंगे॥

बापू के कंधे पर टेशन पहुंचे
देखी लोहे की गाड़ी लोहे के पहिए
जोर की सीटी...
धड़-धड़... धड़-धड़...
तेज रौशनी और सन्नाटा॥

पूरे नहीं टुकड़ों में सही
अब तो गाँव पहुँच ही जाएंगे॥

अब तो गाँव पहुँच ही जाएंगे॥

<hr>

यूँ तो परिवर्तन संसार का नियम है। मानव सभ्यता की हर पीढ़ी ने अपने जीवन काल में अपने आसपास की दुनिया को बदलते देखा है। किन्तु हमारी पीढ़ी, *जो कि नब्बे के दशक में पैदा हुई और 'कुमार सानू' के गानों को सुनते हुए बड़ी हुई*, इस पीढ़ी ने अपने जीवन काल के प्रथम अर्ध-भाग में ही अपने आसपास की दुनिया को जिस तरह से बदलते हुए देखा है, *वो गोविंदा की किसी फिल्म की तरह लगता है।* परिस्थितियाँ और इमोशन पल-पल बदलते रहे और हम बस बिंदास चलते रहे। कुछ ऐसे कि, *"मैं तो रास्ते से जा रहा था, मैं तो भेलपुरी खा रहा था।"*

हमारी पीढ़ी की इन्हीं खट्टी - मीठी यादों को मैंने एक कविता में सँजोने का प्रयास किया - "खप्पर वाले घर"। आशा है यह कविता आपको अपने बचपन में ले जाएगी।

कविता को पढ़ने के बाद अगर आपके चेहरे पर मुस्कुराहट व खिलखिलाहट के भाव परिलक्षित हों, तो अपनी यादों और अनुभवों को मुझसे अवश्य साझा कीजिएगा।

"खप्पर वाले घर"

हर साल मरम्मत होती थी
फिर भी बूँदें टपकती थी
वो भोर में झाँकना सूरज का
और जेठ दोपहरी सोंधी ठंडक

क्या चैन से हम भी सोते थे
तब खप्पर वाले घर होते थे॥

चूना पत्थर की गुरगुराहट
नील - चूने का अमर संगम
गन्नू चाचा के हाथ पुचारी
उजला - नीला सा घर आँगन

हर दिवाली नयी सी महक लिए
तब चूने से पुते घर होते थे॥

वो चित्रहार वो रंगोली
संडे को सिनेमा आता था

आरो गीज़र का पता नहीं
बस कूएँ का निर्मल पानी था

पीटी जूते पर चॉक रगड़ के
तब हम भी घने खिलक्कड़ होते थे॥

रामायण महाभारत और डीडी वन
भरा बरामदा और मोहित सब जन
ब्लैक एंड वाइट टीवी पर भी
रंगीन से मंजर होते थे

पूरा गाँव कुटुम्ब सा लगता था
तब सभी सगे सहोदर होते थे॥

घर को फ़्लैट बनते देखा हमने
मटके को फ्रिज में बदलते देखा है
हम वो बंदे हैं जिसने दुनिया को
बाज़ार में ढलते देखा है

हर चेहरा तब अपना होता था
और मुँह घी-में-शक्कर वाले होते थे॥

जब खप्पर वाले घर होते थे॥

हर बेटे या बेटी के लिए उसके जीवन के सबसे मुश्किल अनुभवों में से एक होता है अपने पिता को बूढ़े होते देखना। हमारे घरों में पिता का स्थान कुटुंब के उस बरगद की तरह होता है जिसकी शाखाओं पर पूरे परिवार की अपेक्षाएँ और ज़िम्मेदारियाँ लदी होती हैं। जो सूरज से नज़रें मिला कर, हमें अपनी छाया में रखता है और *जिसके कपड़ों के पैबंद व रफ़ू, हमारी चमकती पोशाकों की कीमत बतलाते हैं।*

जाहिर है कि, एक बेटे या बेटी के लिए उसका पिता दुनिया का सबसे शक्तिशाली और सबसे मजबूत इंसान होता है। एक सुपर-हीरो जो हमारी सारी ख़्वाहिशों को पूरी करता है और जिसके पास होने से हमारी सारी चिंताएँ, सारा डर छूमंतर हो जाता है।

उम्र के साथ, अपने इस सुपर-हीरो को बूढ़ा व बीमार होते, कमजोर होते और शारीरिक दृष्टि से दूसरों पर आश्रित होते देखना बहुत पीड़ादायक होता है। मैं इस अनुभव से गुजरा हूँ। यदि आप भी इस पीड़ा से गुज़रे हैं तो आप मेरी अगली कविता "अब देखा नहीं जाता है" के मर्म को भली भाँति महसूस कर पाएंगे।

"अब देखा नहीं जाता है"

जिसने खेल खिलाए सारे
उन्हें बनते खिलौना खुद
अब यूँ देखा नहीं जाता है॥

हर धूप में जिसने छाया दी
पतझड़ में उसकी शाख़ों को
अब यूँ देखा नहीं जाता है॥

निवाले में नमक पसीने का था
जंग में ढलते उस लोहे को
अब यूँ देखा नहीं जाता है॥

वो जागे तो हमने सपने देखे
उन आँखों का मुश्किल से खुलना
अब यूँ देखा नहीं जाता है॥

जिस पर्वत ने सारे तूफ़ाँ रोके
उसकी दरकती चट्टानों को
अब यूँ देखा नहीं जाता है॥

होने का जिनके ज़िक्र रहा
उन्हें खोने की जो फ़िक्र हुई तो

अपनी धुंधली होती परछाई को
अब यूँ देखा नहीं जाता है॥

अब यूँ देखा नहीं जाता है॥

कोरोना काल की ही एक और कहानी है। लॉकडाउन के बीच हमारे प्रधानमंत्री जी ने देशवासियों से अपील किया, कि सभी देशवासी 22 मार्च 2020 को ठीक शाम पाँच बजे अपने-अपने घरों के दरवाजों पर या अपनी बालकनी में खड़े होकर, थाली, घंटी या शंख बजा कर हमारे स्वास्थ्यकर्मियों, सफाईकर्मियों व अन्य आवश्यक सेवाओं में कार्यरत लोगों, जिन्हें "कोरोना वारियर्स" की संज्ञा दी गयी, उनका आभार व्यक्त करें।

प्रधानमंत्री जी ने एक और अपील जारी की, 5 अप्रैल 2020 को रात नौ बजे - नौ मिनट के लिए घर की सारी बत्तियाँ बुझा कर अपने घरों के दरवाजों पर या बालकनी में दिया, मोमबत्ती या टॉर्च जला कर सभी देशवासी, कोरोना महामारी के अंधकार के विरुद्ध, मानव जाति के संघर्ष के विजय की प्रार्थना करें।

उपरोक्त कृत्यों की वैज्ञानिक व तार्किक सार्थकता की बहस से परे, मैंने इन कृत्यों को उस प्रवासी मजदूर की दृष्टि से देखने का प्रयास किया जो उस वक़्त किसी सड़क पर अपने सर पर गृहस्थी और कंधों पर बच्चों को लादे पैदल अपने गाँव की ओर बढ़ा चला जा रहा था। उस मजदूर की वेदना को शब्द देते हुए मैंने यह कविता लिखी "थाली बजती देखी साहब"।

"थाली बजती देखी साहब"

मोमबत्ती तो जला लेते
पर हमें बालकनी नहीं है साहब॥

बस अड्डे पे जो भीड़ दिखी थी
हम भी खड़े वहीं है साहब॥

संदेश आपका सुनने नहीं देते
बच्चे भूखे चिल्लाते हैं साहब
आँखें बहुत जलती है मुनिया की
वो केमिकल से नहलाते हैं साहब॥

देखी नहीं खाने की थाली
हाँ थाली बजती देखी साहब
वो जो भाई साथ चला था
रस्ते पे उसकी, साँसें थमती देखी साहब॥

हाथ जोड़ते वोट माँगते

वो नेतागण अब कहाँ है साहब?

माँ बाबूजी संग हम भी देखें

अब वो रामायण कहाँ है साहब?

सड़क किनारे सोई मुनिया

बेसुध सी पड़ी, वो मेरी हूर है साहब

धूप - भूख की आग तेज है

पर गाँव अभी भी दूर है साहब॥

पर गाँव अभी भी दूर है साहब॥

◦◦◦

14 सितंबर 2020। जब पूरा देश "हिन्दी दिवस" के रूप में अपनी भाषा, अपनी मिट्टी और अपनी संस्कृति के गौरव का उत्सव मना रहा था, उसी दिन उत्तर-प्रदेश के हाथरस से एक ऐसी हृदय विदारक घटना की खबर आयी जिसने, इस गणतंत्र के एक नागरिक के तौर पर, एक मनुष्य के तौर पर और एक सभ्यता के तौर पर, हमें शर्मसार कर दिया।

हाथरस में एक बेटी के साथ जात-पात के नाम पर न सिर्फ भयानक क्रूरता की गयी बल्कि उसकी मृत्यु के बाद उसके पार्थिव शरीर के साथ भी अन्याय किया गया।

यह उस बेटी के साथ किया गया दोहरा अन्याय था, एक जो कुछ दरिंदों ने किया और एक जो 'व्यवस्था' ने किया।

इस दोहरे अन्याय और हमारी दोहरी मानसिकता को दर्शाती मेरी अगली कविता "पिंजरे में परिंदा रखते हैं" को पढ़ने के बाद निश्चय ही आपको भी ग्लानि व अपराध-बोध की भावना का अनुभव होगा।

"पिंजरे में परिंदा रखते हैं"

दुर्गा - लक्ष्मी और सरस्वती
देवी का वंदन भी करते हैं

निर्भया - आसिफा और मनीषा
बहुधा मान मर्दन भी करते हैं॥

जात-पात दफन किया काग़ज़ में
शोले सब सीने में जिंदा रखते हैं
पचहत्तर साल की जश्ने आज़ादी
पर पिंजरे में परिंदा रखते हैं॥

है रक्त - बीज़ वैराज्य यहाँ
जो अबला चंडी बन जायेगी
कमर तोड़ दी जायेगी
जुबान काट ली जायेगी॥

रातों रात सत्य को फूंक दिया
उस माँ की चीख़ गवाही देती है
तुम्हारे घर में भी बेटी है
मेरे घर में भी बेटी है॥

❦

जज़्बात # 6

भारत त्योहारों का देश है। जितने त्योहार भारत में मनाए जाते हैं, शायद ही दुनिया के किसी और देश में मनाए जाते होंगे। त्योहार एक मौका होता है खुशियाँ मनाने और खुशियाँ बाँटने का। भारत की सदियों पुरानी गंगा-जमुनी तहजीब में, देश जिस हर्षोल्लास के साथ होली-दशहरा मनाता है उसी शिद्दत से ईद, क्रिसमस और बैशाखी मनाता है।

त्योहारों का कोई धर्म नहीं होता और न ही खुशियों का कोई मज़हब। लेकिन जब हम ऐसी कोई खबर सुनते हैं कि, रामनवमी के दिन फलां शहर में दंगे हो गए, या क्रिसमस के दिन किसी ने चर्च में तोड़-फोड़ कर दी, या फिर त्योहार के दिन शहर में इंटरनेट बंद कर दिया गया हो या धारा 144 लागू हो, तो ऐसे में दिल बहुत दुखता है।

हम क्या खाएँगे, क्या पहनेंगे, कैसे अपने त्योहार और अपनी खुशियाँ मनाएंगे, अगर इतनी भी आजादी ना हो तो फिर 1947 में मिली स्वतंत्रता के क्या मायने रह जाएँगे? मेरी अगली कविता "वो कौन है?", इसी प्रश्न का उत्तर ढूँढने की एक कोशिश है।

"वो कौन है?"

वो कौन है? जो तुझको बताएगा
कि तू कितना हँसेगा... तू किसको हँसाएगा?
तू क्या पहनेगा... तू क्या खाएगा?

हाकिम जो बन बैठा है
वो तेरा मुलाज़िम है
वो क्या बताएगा... कि तू कहाँ सर झुकाएगा?

आज़ाद तेरी मिट्टी है
तुझ पर उसका ज़ोर नहीं
सब का मालिक एक है
दूजा कोई और नहीं॥

वो ज़हर की शीशी बेच रहा
पर ईमान तेरा कमजोर नहीं
जो हूज़रे में आग लगाई तो
होगा उसका भी ठौर नहीं॥

ईद हो दिवाली हो
क्रिसमस हो नया साल हो
तुझे हक़ है तू खुशियाँ मनाएगा॥

उसकी फ़ितरत में होगी 'हरकते रंजिश'
पर तू वो बन
जो वो कभी ना बन पाएगा॥

हाँ तू वो बन
जो वो कभी ना बन पाएगा॥

❦

आप में से कई लोग होंगे जो, कभी न कभी अपनी माँ से दूर रहे होंगे या रह रहे होंगे। सब की अपनी वजहें होंगी। कोई अपनी नौकरी के लिए, तो कोई पढ़ाई के लिए या फिर किसी और कारण से अपनी माँ से दूर रहा होगा।

अगर आप भी इस श्रेणी में हैं, तो आप से एक सवाल है। आपको माँ की याद, सबसे ज़्यादा कब आती है? जी हाँ, जब कभी आप बीमार पड़ते हैं। *बीमार होने पर माँ का पास होना दवा भी है और दुआ भी।*

मेरी अगली कविता "मेरी माँ के जैसी" उन सभी लोगों को समर्पित है, जो अपने जीवन के किसी न किसी मोड़ पे अपनी माँ के सान्निध्य से दूर रहे हैं।

हालांकि, पिछली बार जब मैं बीमार पड़ा और अपनी माँ से दूर था, तब मैंने पाया कि मेरी जिंदगी में एक और शख़्स है, जिसकी प्रवृत्ति बिलकुल मेरी माँ के जैसी है। आप पूछेंगे कि वो कौन है? अगली कविता पढ़िये, इसका उत्तर आपको वहीं मिलेगा।

तुकबंदी # 7

"मेरी माँ के जैसी"

बुख़ार भी आ जाए कभी
ऐसी भी तमन्ना होती थी
स्कूल से छुट्टी और गरम जलेबी
तब पास मेरे माँ होती थी॥

चाय और पाव रोटी की महक
तपता माथा पर आँखों में चमक
नमकीन बिस्कुट की भी फरमाइश
पापा से बारहाँ होती थी

वो नींद में भी मुस्काना
कि सिरहाने में माँ होती थी॥

अबकी जो बीमार हुआ
और जो हूँ माँ से इतनी दूर
सीने से चिपकी रहती है
वो मेरी रूह का नूर॥

कभी मेरे सर को सहलाती है
उसे देखूँ तो मुस्काती है

खेल खिलौने छोड़ के सारे
अपनी नन्ही अँखियों से
वो जैसे मेरी नज़र उतारे॥

इस छोटी सी जान में
जाने ये बातें कैसी है?
बिटिया मेरी, हर बात तेरी
मेरी माँ के जैसी है॥

हमने स्कूल में पढ़ा था कि, हमारे राष्ट्रीय ध्वज तिरंगे में केसरिया रंग 'शक्ति और साहस' का, सफेद रंग 'शांति और सच्चाई' का और हरा रंग 'धरती की उर्वरता, वृद्धि और शुभता' का प्रतीक है। क्या हमने कभी सोचा था कि एक दिन इन रंगों को हम धर्म के चश्मे से देखेंगे। केसरिया रंग हिन्दू का हो जाएगा और हरा रंग मुसलमान का।

हम क्यूँ भूल जाते हैं कि, जिस तरह हमारा तिरंगा केसरिया, सफ़ेद और हरा तीनों रंगों से मिल कर बनता है उसी तरह हमारा देश हिन्दू, मुसलमान और अन्य संप्रदायों से मिलकर बनता है। अंग्रेजों ने सदियों तक 'फूट डालो और राज़ करो' की नीति पर चलकर हिन्दू और मुसलमान को आपस में लड़वाया और वर्षों तक राज़ किया। क्या हम एक बार फिर से सियासत को यह मौका देंगे? धर्म के आधार पर देश एक बार बँट चुका है, क्या हम दूसरा विभाजन चाहते हैं?

हमारी धार्मिक पहचान क्या एक 'भारतीय' और एक 'इंसान' के रूप में हमारी पहचान से बढ़कर है?

क्या यही वो देश है, जिसकी आज़ादी के लिए भगत सिंह, चंद्रशेखर आज़ाद और अशफ़ाकुल्लाह ख़ाँ जैसे सरफ़रोशों ने अपने प्राणों की आहूति दी थी? ऐसे कई प्रश्न हैं, जिनके उत्तर ढूँढने की कोशिश, मैंने अपनी अगली कविता 'वो वसंत जो लाएगा' के माध्यम से की है।

"वो वसंत जो लाएगा"

तिरंगे को सज़ा कर
सर माथे पे
हस्ती को सुपुर्दे हिंदुस्तान किया॥

बापू भगत की इसी धरती पे हमने
भगवे को हिन्दू
हरे को मुसलमान किया॥

सियासत की मंडी में
बिकता देश
वो कपड़ों से है पहचान रहा
तेरी दाढ़ी मेरा केश॥

हर बार चुनावी
तारीखों पर
वह करतब ये दिखलाता है

ज़हर थमा कर मेरे हाथों में
ख़ुद अमर हो जाता है॥

बुलबुले
इस गुलिस्ताँ के हैं
जो हम इंक़लाबी हो जाएंगे
विषदंत उखाड़े जाएँगे
फिर महल गिराए जाएँगे॥

मुल्कों मिल्लत का
रहनुमा
वही बाँकी रह जाएगा
लहू न पानी बन पाये
वो वसंत जो लाएगा॥

चश्मे उतार गर देखो तो
मुस्तकबिल नेक दिखाई देता है
हर ज़र्रे में
जन्नत का नूर लिए
भारत एक दिखाई देता है॥

भारत एक दिखाई देता है॥

— ⋄ —

जज़्बात # 9

कोई अठारह-उन्नीस साल का युवा जब सेना में भर्ती होता है इस निश्चय के साथ कि, आवश्यकता पड़ने पर वो देश के लिए अपने प्राणों की आहूति देने से भी पीछे नहीं हटेगा, तो उसका यह जज़्बा इस बात का परिचायक है कि हमारे देश में सेना की नौकरी एक पेशा मात्र नहीं बल्कि एक माध्यम है राष्ट्र के लिए सर्वोच्च समर्पण करने का।

मैं भारत के जिस प्रदेश से आता हूँ , वहाँ के युवा बड़ी संख्या में सेना में भर्ती होते हैं। मेरे कई दोस्त, सहपाठी और रिश्तेदार सैन्य सेवाओं में हैं। मेरे पिता जी भी कुछ समय के लिए सैन्य सेवाओं से जुड़े रहे।

एक सैनिक की मनोभावना को करीब से समझने का अवसर मुझे मिला है।

हमारे देश में जो कुछ एक चुनिंदा विषय हैं जिन पर पूरा देश एकमत होता है, उनमें से एक है सेना और शहीदों का सम्मान। जब भी कभी किसी सैनिक का शव तिरंगे में लिपट कर आता है तो पूरे देश की आँखें नम होती है। ऐसे में जब जून 2020 में 'गलवान घाटी' में चीन से लड़ते हुए हमारे 20 सैनिक शहीद हुए, तब मेरा मन दुख व क्रोध से भर उठा। अपनी अगली कविता 'निगेहबान आँखें' में मैंने अपने इसी जज़्बात को शब्द दिए हैं।

तुकबंदी # 9

"निगेहबान आँखें"

सर्द सरहद पे कुर्बान
थमती लहुलुहान साँसें
बंद सी कुछ अधखुली सी
वतन की वो निगेहबान आँखें॥

तिरंगे में ढूँढती
बेटे पति और बाप को
वही पथराई सी बेजान आँखें॥

विलाप के तमस में
दहकती चिता सी
सीने में जलती
वही शमशान रातें॥

नमन वीर जवान
शहीद और श्रद्धांजलि

सियासत की वही पुरानी
खोखली खाली मर्तबान बातें॥

सियासत की वही पुरानी
खोखली खाली मर्तबान बातें॥

— ○ —

एक प्रचलित कहावत है कि, 'हर सफल पुरुष के पीछे एक महिला होती है'। आप भी इस कहावत के साथ इत्तिफ़ाक़ रखते होंगे, मैं भी रखता हूँ बस एक छोटे से बदलाव के साथ।

मेरा मानना है कि, *'हर सफल पुरुष के पीछे एक नहीं बल्कि कई महिलाएं होती है'*, कभी माँ, कभी बहन, कभी पत्नी तो कभी एक बेटी के रूप में। और इसे आप मेरा सौभाग्य मान सकते हैं कि मेरे जीवन में नारी इन चारों ही रूपों में विद्यमान हैं।

मेरी अगली कविता 'बाँकी सब दुनियादारी है', मेरी जिंदगी और इस जिंदगी में अब तक मेरी छोटी-बड़ी जो भी उपलब्धियां रही हैं, उन सब में नारी के इन चार रूपों के योगदान को समर्पित है।

इसे आप मेरा आभार व्यक्त करने का तरीका मान सकते हैं। मुझे पूरा विश्वास है कि कविता के शब्दों के साथ आप भी एक स्वाभाविक जुड़ाव महसूस करेंगे।

॥न स्त्रीरत्नसमं रत्नम॥

"बाँकी सब दुनियादारी है"

(माँ)
पलकों की छलनी से मैंने
चाँद का टुकड़ा देखा था
पहली जो छवि बसी नयनों में
माँ वो तेरा मुखड़ा था

क़र्ज़ तेरा माँ सबसे भारी है
बाँकी सब दुनियादारी है॥

(बहन)
वो कच्चा धागा कलाई पे
तुझसे मुझको बाँधे रखता है

मुझसे बढ़कर तेरे सुख की चिंता
नहीं कोई कर सकता है

बहना तेरी ज़िम्मेदारी

भैया को निभानी सारी है

बाँकी सब दुनियादारी है॥

(पत्नी)

कुछ मैं बदला कुछ वो बदली

वो आयी तो सब कुछ बदल गया

दीवारों और छत को घर कहता था

कदम पड़े जो उसके तो

घर का मतलब बदल गया

उमर भर की अब किसने पूछी है

यहाँ जन्मों की तैयारी है

बाँकी सब दुनियादारी है॥

(बेटी)

मेरा अक्श रहेगा तुझमें रौशन

जब मैं रुख़्शत हो जाऊँगा

एक दिन आएगा परी मेरी

मैं तेरे नाम से जाना जाऊँगा

वो धुन जो दिल को धड़काती है
बिटिया की किलकारी है
बाँकी सब दुनियादारी है॥

बाँकी सब दुनियादारी है॥

एक गरीब मजदूर जो अपने गाँव से शहर आता है और दिहाड़ी मजदूरी कर के किसी तरह अपने परिवार का पेट पालता है, उसे अगर अचानक पता चले कि अब उस शहर में उसके लिए कोई काम नहीं है, कमाई का कोई और साधन भी नहीं है और चारों तरफ कोई भयानक महामारी फैली हुई है, तो ऐसी स्थिति में वह गरीब मजदूर क्या करेगा?

जाहिर है वो चाहेगा कि कैसे भी कर के जल्दी से जल्दी अपने गाँव, अपने परिवार और अपने लोगों के पास पहुँचे।

कोरोना महामारी व लॉकडाउन के दौरान विवशता और अनिश्चितता के उस माहौल में, राजस्थान से उत्तर-प्रदेश और बिहार के प्रवासी मजदूरों का एक जत्था ट्रक में सवार होकर अपने गाँव के लिए निकला था।

16 मई 2020 को मजदूरों से भरा यह ट्रक दिल्ली-कानपुर हाइवे पर 'औरैया' में दुर्घटनाग्रस्त हुआ। 25 मजदूरों की मौत हुई।

यह सिर्फ एक घटना नहीं थी। हालाँकि लॉकडाउन के दौरान कितने प्रवासी मजदूरों की मृत्यु हुई इसका कोई सरकारी आँकड़ा मौजूद नहीं है, किन्तु अगर हम मीडिया में आई विभिन्न खबरों की मानें तो उस दौरान सैकड़ों की संख्या

में प्रवासी मजदूर अलग-अलग दुर्घटनाओं में सड़कों और रेल की पटरियों पर मारे गए।

यदि मौत के बाद आत्मा या परलोक जैसी कोई चीज़ होती है, तो एक प्रवासी मजदूर जो उस दौरान ऐसी ही किसी दुर्घटना में मर कर परलोक पहुँचा हो, उसे अगर अपनी माँ को कोई संदेश देना होता तो वो क्या कहता?

मेरी अगली कविता 'उजली साड़ी' के शब्दों को आप उस मजदूर का उसकी माँ के लिए अंतिम संदेश की प्रतिलिपि मान सकते हैं।

"उजली साड़ी"

तू काहे छाँती पीटे माई
दुख भरे दिन अब बिसर गए
कंठ जले ना जले कलेजवा
भूख के दिन अब गुज़र गए॥

भाई बन्धु रोज़ आ रहे
बहन भौजाई बच्चे आए
स्वर्ग नरक का पता नहीं माँ
यहाँ सबहीं समान हैं गैऱत पाए॥

हकासल पियासल भटक रहे थे
अब चैन की बंसी बजाए हैं

कुछ गए सड़कों पे कुचले
कुछ पटरी पर कट कर आए हैं॥

मुनिया की चिंता सतावे है
भले छूट गई अब दुनियादारी

मुनिया की अम्मा पे माई
जँचती ना है उजली साड़ी॥

टुकड़े चुनो शरीर बनाओ
लाश गिनो पहचान कराओ
सरकारी पैसा अनमोल है भैया
यूँ ना इसे हम पे लुटवाओ॥

देख नहीं पाएगा बापू
इन चिथड़ों को यहीं जला देना
इसके बदले लेकिन बाबूजी
किसी जिंदा भाई को घर पहुंचा देना॥

❧

जज़्बात # 12

मैं जब भी छुट्टियों में घर जाता हूँ अपने पापा के चरण स्पर्श करता हूँ। लेकिन मेरी छोटी बहन जब घर आती है तो दौड़ कर पापा से लिपट जाती है और गले लगती है।

पता नहीं क्यों लेकिन ये फ़र्क है मुझमें और मेरी बहन में। और शायद ये फ़र्क होता है एक बेटे और एक बेटी में।

साल 2017 में मैं पिता बना और संजोग से एक बेटी का पिता बना। तब मैंने जाना कि बेटियाँ क्यूँ थोड़ी अलग और थोड़ी ज़्यादा खास होती हैं एक पिता के लिए।

मैं ये नहीं कहता कि बेटे खास नहीं होते, बिलकुल होते हैं। बेटियाँ बस थोड़ी सी ज़्यादा खास होती हैं।

मेरी अगली कविता 'खुशियों की गिलहरी', पिता और पुत्री के इसी अनमोल रिश्ते को समर्पित है। यदि आप भी एक बेटी के पिता हैं, तो यह कविता अपनी गिलहरी को जरूर सुनाइएगा।

"खुशियों की गिलहरी"

दिल की धड़कन तू
मेरी ज़ख़्मों का मरहम तू
हर सुबह गुलाबी नूर लिए
मेरे रूह का शबनम तू॥

मेरी शाम सुनहरी है तुझसे
जीवन आँगन में जो चहकती है
वो ख़ुशियों की गिलहरी है तुझसे॥

गर्दिश की अंधेरी रातों में
जुगनू की चम-चम तू
पूजा की थाली तू
मेरा आब-ए-ज़मज़म तू॥

जज़्बात # 13

पिछले दिनों देश में एक अजीबोग़रीब मुद्दा गरमाया। मुद्दा था जो मांस हम और आप खाते हैं उसके हलाल या झटका होने का। हिन्दू समुदाय को अचानक लगने लगा कि उन्हें सिर्फ झटका मांस ही खाना है और मुसलमानों को सिर्फ हलाल मांस। धार्मिक मान्यताओं के आधार पर इस तक़रीर की क्या वास्तविकता है, मैं इस बहस में नहीं पड़ना चाहता क्योंकि पिछले दिनों टीवी चैनलों पर इस मुद्दे पर भरपूर बहस हो चुकी है।

मैं कभी-कभी मांस खा लेता हूँ। आप में से भी कई लोग ऐसे होंगे जो मांस खाते होंगे। आप सब से एक प्रश्न है, घर में या बाहर किसी होटल में मांस का लुफ़्त उठाते हुए क्या कभी आपने सोचा है कि उस बकरे या मुर्ग को कैसे काटा गया होगा, जिसका मांस आपकी थाली में परोसा गया है? खाने से पहले कौन ये सब सोचता है? और अगर आप ये सब सोचेंगे तो क्या फिर वो मांस खा भी पाएंगे?

क्या ये एक बेमतलब की बहस नहीं थी? या फिर एक सोची समझी चाल के तहत फैलाई गयी एक बहस थी? क्या इससे ज्यादा जरूरी मुद्दे इस देश में नहीं हैं? ये सब देख-सुन कर मुझे तो बड़ी कोफ़्त हुई, निश्चय ही आपको भी हुई होगी। मेरी अगली कविता 'हलाल है या झटका है' आपकी इस कोफ़्त को थोड़ी राहत जरूर देगी।

"हलाल है या झटका है"

एक जान दोनों में जाती है
एक स्वाद दोनों में आता है

वो मांस का टुकड़ा जो
आज सब के गले में अटका है
क्या फर्क पड़ता है?
कि हलाल है या झटका है॥

तेरी दुकान ना मेरी दुकान
बहुत बड़ी है उसकी दुकान
रंजिशों के वजन और बट्टे हैं
वो दुकान जहाँ मुल्क बिकता है॥

ये तेरा मेरा भाईचारा
किसी को तो खटका है
वरना क्या फर्क पड़ता है?
कि हलाल है या झटका है॥

भूख की दीवारों पे
सर पटक रहा है देश
सुल्ली-बुल्ली की रोजगारी
अखबारों में खुशहाली का संदेश॥

दो जून की रोटी मिली
तो बच्चों की पढ़ाई नहीं
तन पे गर लिबास मिला
तो वालिदैन की दवाई नहीं

और तेरा ज़मीर खरीद सकूँ
इतनी मेरी कमाई नहीं॥

तेरा सच मुझसे जुदा नहीं
नाम अलग होंगे
पर होता अलग खुदा नहीं॥

यही बुनियाद तेरे महल की भी है
जहाँ से तूने ईंटों को झटका है
अरे क्या फर्क पड़ता है?
कि हलाल है या झटका है॥

❖

बैंक में महीने के हर दूसरे और चौथे शनिवार छुट्टी रहती है। जैसा कि मैंने प्रस्तावना में बताया कि मैं बैंक में नौकरी करता हूँ और फिलहाल मेरी पोस्टिंग मेरे पैतृक स्थान से कोई 300 किलोमीटर दूर है। पिछले दिनों जब मेरे पिता जी लगातार बीमार रहने लगे तो मैं नियमित रूप से हर दूसरे और चौथे सप्ताहांत (वीकेंड) को घर जाने लगा था। अगले दिन रविवार की छुट्टी रहती थी तो मुझे घर पर दो दिनों का समय मिल जाता था पिता जी की तबीयत, इलाज़ व दवाइयों की देख-रेख करने के लिए।

12 नवंबर 2022 महीने का दूसरा शनिवार था और मुझे अपने घर पर होना चाहिए था। लेकिन ऑफिस में कुछ जरूरी काम होने की वज़ह से मैं घर नहीं जा पाया। मैं उस दिन ऑफिस में काम कर रहा था जब मुझे खबर मिली कि मेरे पिता जी की तबीयत अचानक ज्यादा बिगड़ गयी और वो चल बसे।

माँ ने बताया कि जो आख़िरी बात मेरे पिता जी ने माँ से पूछी थी वो ये थी कि *"आज तो शनिवार है, गौरव आया क्यों नहीं?"* मैं गहरे शोक, वेदना और ग्लानि से भर उठा।

पिता को खोने क बाद जो पहला अहसास आपको होता है, वो है 'असुरक्षा' का अहसास। जैसे कि आप किसी मजबूत

किले में रह रहे थे और अचानक किले की मजबूत दीवारें ढह गईं हों और आप दुश्मनों के सीधे निशाने पर आ गए हों।

ज्येष्ठ पुत्र होने के नाते मैंने पिता जी को मुखाग्नि दी। सामने चिता से तेज़ लपटें उठ रही थी और पीछे सूरज लाल होकर गंगा में अस्त हो रहा था। बचपन से लेकर अब तक का मेरा जीवन सफ़र और पिता जी का सानिध्य एक चलचित्र की भाँति मेरी आँखों के सामने से गुज़र रहा था। वहाँ चुपचाप बैठे हुए अपने हृदय के सैलाब को मैंने मेरी अगली कविता 'मैं आपकी तरह दिखता हूँ' के माध्यम से व्यक्त किया।

ईश्वर ना करे, किन्तु अगर आपने भी अपने जीवन में इस घनघोर दुख को जिया है, तो अपने अनुभव को साझा कीजिएगा क्योंकि वो कहते हैं न कि 'दुख बाँटने से घटता है'।

"मैं आपकी तरह दिखता हूँ"

झुंड में वो हैं खड़े सामने
बाड़े का मनोबल यूँ तोड़ गए
ढाढ़स छीन कर अपने होने की
जाने किसके भरोसे छोड़ गए॥

खुद में आपको देखा किया
अब खुद में खुद को ढूँढ रहा हूँ
दूर शिकारी है ताक में बैठा
और मैं रेत में आँखें मूँद रहा हूँ॥

उस बरगद की शाखें जो सूख गयीं
ये आशियाँ अब कहाँ छिपाऊँगा?

सबकी नज़रें हैं पूछ रही
क्या मैं घर की छत बन पाऊँगा?

आप रहे तो मैं भी अनमोल रहा
अब बिना मोल के बिकता हूँ
तसल्ली दिल को बस इतनी है
कि मैं आपकी तरह दिखता हूँ॥

मैं आपकी तरह दिखता हूँ॥

उपरोक्त विडियो को आपने भी जरूर देखा होगा, जिसमें कोरोना लॉकडाउन के दौरान पैदल अपने गाँव के लिए निकला एक प्रवासी मजदूर बीबीसी के एक रिपोर्टर को अपनी व्यथा बयान कर रहा है। इस मजदूर की बातों में बदहवासी और बेबसी के साथ जो तंज़ और तल्खी थी, उसे आपने भी महसूस किया होगा। भूख और लाचारी पर भी उस मजदूर की खुद्दारी भारी थी।

हमारे गाँव में एक कहावत है कि 'भूखे भजन न होई गोपाला'। *यानि अगर आप भूखें हों, आपके बच्चे भूखें हों तो कोरे उपदेश आपके किसी काम के नहीं होते।*

एक वेलफ़ेयर स्टेट की यह ज़िम्मेदारी होती है कि, देश के संसाधनों पर समाज के अंतिम व्यक्ति के हक़ को सुनिश्चित किया जाए और उसे यह हक़ देना उस पर कोई अहसान करना बिलकुल नहीं है।

थोड़ी बेबसी, थोड़ी लाचारी, थोड़ी शिकायत और थोड़ा तंज़, यही मेरी अगली कविता 'सब चंगा सी' के मूल भाव हैं और एक बार फिर से इसके केंद्र में प्रवासी मजदूर है।

"सब चंगा सी"

सिकुड़ गई हैं अतरियां
इनमें थोड़ी हवा भरवा दो
सौभाग्य की रेखा जितनी हाथों में
रस्ता उतना छोटा करवा दो॥

कंकड़ चुभते हैं छालों में
मुनिया की टूटी चप्पल सिलवा दो
बेगैरत से तब से भटक रहे हैं
साहब थोड़ी गैरत दिलवा दो॥

और जो पोछने हो आँसू हमारे
तो रखो फिर शर्तें नहीं

"सब चंगा सी" होता गर तो
हम पटरी पर कट मरते नहीं॥

छोटे लोग हम
करें छोटी बातें

पर साहब की भी मजबूरी है
कि "ऐतिहासिक और अभूतपूर्व"
से कम वो कुछ करते नहीं॥

ट्रेन के आने में एक घंटे का विलंब था। मैं अपनी पत्नी और पाँच साल की बेटी के साथ स्टेशन की बेंच पर बैठा ट्रेन के आने की प्रतीक्षा कर रहा था। पिता जी को गुजरे तीन महीने हो गए थे और उनके गुजरने के बाद मैं पहली दफा घर जा रहा था।

बेटी बार-बार पूछ रही थी कि, *"दादा जी आ गए होंगे वापस हॉस्पिटल से? दादा जी आएंगे हमें लेने गाड़ी से?"* दरअसल बेटी को मैंने बता रखा था कि दादा जी की तबीयत खराब है इसलिए उन्हें हॉस्पिटल में भर्ती कर रखा है। उसे कैसे बताता कि, उसके दादा जी अब कभी वापस नहीं आएंगे।

बिटिया के मासूम सवाल और उसकी आँखों में दादा जी के पास जाने की लालसा, मुझे अंदर से हिला रही थी। *पलकों की मेढ़ ने आँसुओं के समन्दर को बमुश्किल बाँधे रखा था।*

घर पर इस बार क्या कुछ अलग होगा? या फिर सब कुछ ही अलग होगा? जज़्बातों के इस भँवर को मैंने अपनी कविता 'जब गाड़ी टेशन से छूटेगी' में पंक्तिबद्ध किया। यह कविता मेरे दिल के बहुत करीब है। इसे पढ़ते वक़्त हर बार मेरी आँखें वैसे ही नम हो जाती हैं, जैसे इसे लिखते वक़्त हुई थी। इसे पढ़ कर अगर आपकी भी आँखें नम हो जायें तो अपने अनुभव साझा कीजिएगा।

तुकबंदी # 16

"जब गाड़ी टेशन से छूटेगी"

घर जा तो रहा हूँ
पर अबकी बार
वो दो बीमार आँखें नहीं होंगी
जो मेरे पहुँचने तक जागती रहती थी॥
वो पाँव नहीं होंगे
जिन्हें छूने से पहले ही
हाथ सर पर आ जाते थे॥

उनकी तस्वीर क्या मुझको देखेगी
क्या मेरी तबीयत पूछेगी
बातें तो तब भी कम होती थी
वो तस्वीर पर क्या
मेरी मन की बातें पढ़ लेगी?

वो तस्वीर क्या ताने भी मारेगी
और क्या मम्मी फिर से रूठेगी
बच्चे जब ऊधम मचायेंगे
वो तस्वीर क्या उनको डाँटेगी?

दुनियादारी कौन समझाएगा
और हाथों में
पानी का बोतल कौन पकड़ाएगा?

लौटती में अबकी जब
गाड़ी टेशन से छूटेगी॥

लौटती में अबकी जब
गाड़ी टेशन से छूटेगी॥

◦○◦

जज़्बात # 17

जज़्बातों की तुकबंदी के इस सफ़र में अब तक आपने यह जान ही लिया होगा कि मेरी सोच व मेरे व्यक्तित्व के दो मूल आयाम हैं। पहला आयाम है 'संवेदनशीलता', जो शायद मेरे अंदर आनुवंशिक रूप से आई। मेरे स्वभाव का दूसरा मूल आयाम है 'विद्रोहीपन'। यह विद्रोही प्रवृति मेरे अंदर बचपन से थी, ऐसा नहीं है। लेकिन मेरे अध्ययन काल के दौरान एक खास शख़्सियत के साथ परिचय के बाद यह विद्रोहीपन मेरे चरित्र व चिंतन का हिस्सा बन गया।

उस शख़्स से मेरी मुलाक़ात और उसके बाद मेरे व्यक्तित्व के बदलाव की कहानी यूँ तो थोड़ी लंबी है, लेकिन आपको सुनानी भी जरूरी है। जी हाँ! आपने सही सुना। मैं आपको कविताओं के बीच में एक कहानी सुनाने की बात कर रहा हूँ।

बेशक यह एक गुस्ताख़ी होगी, लेकिन मैं यह गुस्ताख़ी करना चाहता हूँ। विद्रोही जो ठहरा। और आपकी हँसी का मतलब है कि मुझे यह गुस्ताख़ी करने की इजाजत है।

जाहीर है मेरी अगली रचना कोई कविता नहीं बल्कि एक कहानी है। मैंने इस कहानी को यथासंभव संक्षिप्त रखने की कोशिश की है। घबराइए मत आप बोर नहीं होंगे। यह कहानी

है मेरे विद्रोही बनने की। यह कहानी है उस शख़्स की जो इस प्रश्न का उत्तर है कि 'मैं ऐसा क्यों हूँ?' तो आइए उस शख़्स से आपकी मुलाक़ात करवाते हैं और आपको भी थोड़ा सा विद्रोही बनाते हैं।

'मैं ऐसा क्यों हूँ?'

चाचा चौधरी, सुपर कमांडो ध्रुव, सचिन तेंदुलकर, तो कभी कोई फिल्मी हीरो। नब्बे के दशक में पैदा हुए किसी भी आम बच्चे की ही तरह मेरे जीवन आदर्श भी एक अंतराल के बाद बदलते रहे। आकर्षित होने, प्रभावित होने और परिवर्तित होने की यह प्रक्रिया तब तक चलती रही जब तक मेरा परिचय वास्तविक रूप में, मेरे आदर्श के साथ नहीं हुआ।

तब मैं कोई बाईस-तेईस साल का रहा होऊँगा जब मेरी मुलाक़ात इस शख़्सियत से हुई और जिनसे मिलने के बाद मेरे अंदर पहले जैसा कुछ नहीं रह गया। उन दिनों मैं राजधानी दिल्ली में, यूपीएससी के अभ्यार्थियों का मक्का कहे जाने वाले 'मुखर्जी नगर' में, रह कर सिविल-सेवा परीक्षा की तैयारी कर रहा था। वहाँ हमारे एक अग्रज तुल्य सीनियर सहपाठी थे 'संदीप भैया'। मैं अकसर अध्ययन संबंधी किसी भी प्रकार की सलाह के लिए संदीप भैया के कमरे पर जाया करता था।

संदीप भैया का आठ-बटे-आठ का कमरा किसी भी यूपीएससी अभ्यार्थी के कमरे की ही तरह था, जहाँ बहुत सारी किताबों और मानचित्रों के बीच नाम मात्र के जरूरी घरेलू समान थे और जिसे संदीप भैया अपने दो और दोस्तों के साथ साझा करते थे।

उन दिनों मैं मुंशी प्रेमचंद को काफी पढ़ रहा था। संदीप भैया के किताबों के खजाने में प्रेमचंद की जितनी भी कृतियाँ थी वो सब मैंने पढ़ डाली थी।

एक दोपहरी संदीप भैया ने मुझे अपने कमरे पर मदद के लिए बुलाया। फटी-पुरानी और गैर-जरूरी किताबों को रद्दी वाले को देना था। पुरानी किताबों को छाँटने के क्रम में मेरी नज़र एक किताब पर पड़ी। वह किताब थी 'भगत सिंह की जेल डायरी'। 404 पन्नों की यह डायरी भगत सिंह ने लाहौर सेंट्रल जेल में, कैद के दौरान 12 सितंबर, 1929 से 23 मार्च, 1931 के बीच, लिखी थी। कौतूहल वश मैंने उस किताब के कुछ पन्ने पढ़े। भगत सिंह की हैंडराइटिंग देखी, कुछ कोट्स पढ़े।

और पढ़ने की जिज्ञासा बढ़ी, तो संदीप भैया की आज्ञा से वह किताब मैंने अपने पास रख ली।

भगत सिंह का पूरा नाम था 'सरदार भगत सिंह संधु'। और सरदार संधु के साथ वह मेरा पहला विस्तृत परिचय था। इससे पहले मैं इतना ही जानता था कि शहीद भगत सिंह एक क्रांतिकारी थे, जिन्होंने एसम्बली में बम फेंका और राजगुरु तथा बटुकेश्वर दत्त के साथ देश की आज़ादी के लिए फाँसी पर चढ़ गए।

भगत सिंह की जेल डायरी को पढ़ते हुए मैं इस बात के एहसास से सिहर उठा कि मेरी उम्र तक यह शख़्स अपने प्राण मातृभूमि पर कुर्बान कर चुका था। जिस उम्र में एक आम नौजवान जीवन की चुनौतियों से परे बेफिक्री का मिज़ाज रखता है, प्रेमिका के हसीन सपने देखता है और

फ़िल्मी गाने सुनता है। इसी उम्र में ये भगत सिंह संधु एक महान वैचारिक क्रांति के नींव रख कर दुनिया को अलविदा कह देता है।

भगत सिंह की जेल डायरी पढ़ने के बाद मैं कई रातों तक ठीक से सो नहीं पाया। और इस बेचैनी में अगले कुछ महीनों में 'दिल्ली पब्लिक लाइब्रेरी' में भगत सिंह के ऊपर जो भी साहित्य उपलब्ध था, मैंने वो सब पढ़ डाला। इस तरह मैं सरदार भगत सिंह संधु के चरित्र और व्यक्तित्व के इतने करीब पहुँच गया जितना मैं खुद अपने आप के करीब नहीं था। भगत सिंह के हर एक विचार को, उनके लिखे हर एक शब्द को, उनके हर एक कदम के पीछे के उनके चिंतन को मैंने कुछ इस तरह से महसूस किया कि जैसे वो खुद मेरे सामने बैठ कर सब चीजें मुझे समझा रहे हों। अपने जेहन में मैंने उनकी आवाज़ सुनी, उनके चेहरे के बदलते भावों को देखा, उनकी आँखों के बदलते रंग देखे, उनसे बातें की, उनको गले लगाया। मैंने सुना है कि भगत सिंह को पढ़ने और जानने वालों को अक्सर ऐसा आभास होता है।

भगत सिंह का जन्म 27 सितंबर, 1907 को बंगा पंजाब में हुआ था, जो कि आज फैसलाबाद पाकिस्तान में है। 23 मार्च, 1931 को लाहौर सेंट्रल जेल में उनको फाँसी दे दी गयी।

6 फ़ीट ऊँचे इस नौजवान को महज़ 23 वर्ष 5 महीने और 26 दिनों की जिंदगी मिली, लेकिन इस छोटे से जीवन काल में ही उसने सदियों तक जिंदा रहने वाला यश प्राप्त किया। भगत सिंह का जीवन परिचय NCERT की आठवीं

कक्षा के पाठ्य पुस्तक के एक अध्याय से कहीं ज्यादा है जो हमने पढ़ा है।

भगत सिंह को फाँसी पर लटकाने के लिए 24 मार्च, 1931 सुबह 6 बजे का समय तय था। लेकिन 23 मार्च, 1931 को शाम 7 बजे ही, भगत सिंह को फाँसी दे दी गयी, तय समय से 11 घंटे पहले। फाँसी के बाद उनके शरीर को छोटे-छोटे टुकड़ों में काटा गया। आधी रात को जेल के पीछे की दीवार तोड़ी गयी। वहाँ से उनके शरीर के टुकड़ों को एक बोरे में भर कर निकाला गया और सतलुज़ नदी के किनारे फेंक कर जला दिया गया।

तत्कालीन ब्रिटिश सत्ता को सरदार से कितनी घृणा रही होगी? जो उन्होंने ऐसा कृत्य किया। या फिर घृणा से कहीं ज्यादा सरदार से डर था। उनके विचारों से डर था। उनकी लोकप्रियता से डर था।

क्योंकि 1930-31 तक आते-आते 'भगत सिंह' का नाम शायद गांधी जी से भी ज्यादा बड़ा हो चुका था। जिस दिन भगत सिंह को फाँसी दी गयी उस दिन लाहौर के किसी भी घर में कोई चूल्हा नहीं जला था। भगत सिंह का कहना था कि, एक न एक दिन सब को मरना है, लेकिन *मरो तो ऐसे मरो कि सदियों तक जिंदा रहो।* सरदार की मृत्यु उनके जीवन से ज्यादा बड़ी साबित हुई।

एक इक्कीस-बाईस साल के नौजवान के दिमाग़ में यह बात कैसे आई होगी कि उसे सेंट्रल एसेंब्ली में एक सांकेतिक बम फेंकना है, किसी को मारने के उद्देश्य से नहीं बल्कि सिर्फ धमाका करने के लिए। फिर खुद अपनी गिरफ्तारी देनी

है ताकि कोर्ट ट्रायल के दौरान उसे अपनी बात और अपने विचार प्रेस के जरिये आम जनता तक पहुंचाने का अवसर मिल सके।

अंग्रेज़ वकील और जज के सवालों का जवाब देने के लिए उन्होंने इस घटना को अंजाम देने से पहले फर्राटेदार अंगेजी बोलने का अभ्यास भी किया।

इस मुकदमें का क्या फैसला होगा और उनको क्या सज़ा मिलेगी, इस बात से भी वो पहले से ही अभिज्ञ थे। यह दूरदर्शिता असाधारण थी।

जेल में समान कैदी अधिकार के लिए भगत सिंह 63 दिनों तक भूख हड़ताल पर रहे और जेल प्रशासन को विवश कर दिया कि उनकी मांगो को माना जाये। 'बिस्मिल अजिमाबादी' का लिखा गीत "सरफ़रोशी की तमन्ना अब हमारे दिल में है" को गुनगुनाते हुए और तमाम शारीरिक यातनाओं को सहते हुए कोई 63 दिनों तक कैसे भूखा रह सकता है? ऐसा कोई दूसरा उदाहरण हमने नहीं देखा है। ऐसी दृढ़ इच्छा-शक्ति किसी महामानव की ही हो सकती है।

बीस साल तक की उम्र में 'करतार सिंह सराभा' और 'चन्द्रशेखर आज़ाद' के इस शिष्य ने मिखाइल बकुनिन, कार्ल मार्क्स, व्लादिमीर लेनिन और लियॉन ट्रोट्स्की जैसे महान समाजवादी चिंतकों के सिद्धांतों को आत्मार्पित कर लिया था।

23 साल की अपनी छोटी सी जिंदगी में, जिसमें से भी लगभग दो साल (716 दिन) उन्होंने जेल में ही काटे, सरदार

भगत सिंह संधु जो लिख गए, जो कह गए और जो कर गए वह अविश्वसनीय व अकल्पनीय है।

मेरे इस लेख का उद्देश्य, सिर्फ़ आपको भगत सिंह का जीवन परिचय देना नहीं है। भगत सिंह के जीवन परिचय को जानने की इच्छा रखने वालों के लिए खुद भगत सिंह द्वारा लिखे गए लेख और अन्य साहित्य उपलब्ध हैं। मेरे इस लेख का उद्देश्य आपको, यह बताना है कि भगत सिंह ने मेरे व्यक्तित्व पर क्या प्रभाव डाला। उनके विचारों और सिद्धांतों को मैंने कैसे आत्मसात किया।

भगत सिंह का कहना था कि, *"आलोचना और स्वतंत्र विचार एक क्रांतिकारी के दो अनिवार्य गुण हैं।"* सरदार को जानने के बाद यह दो गुण सबसे पहले मेरे अंदर अंतरित हुए। भगत सिंह से नजदीकी ने मुझे स्वाभाविक रूप से विद्रोही बना दिया।

सत्ता और शक्तिशाली का किसी कमजोर पर किया गया किसी भी प्रकार का प्रत्यक्ष या अप्रत्यक्ष शोषण मेरे अन्तर्मन को व्यथित करता है। किसी भी प्रकार के अन्याय के प्रति मैं न सिर्फ मुखर होता हूँ बल्कि स्वभावतः उसका प्रतिकार करता हूँ। मानवीय दुखों के प्रति मैं अति संवेदनशील हो जाता हूँ। भगत सिंह से मिलने से पहले, मैं ना ही इतना चिंतनशील था और ना ही इतना निडर। मनुष्यों के बीच किसी भी प्रकार का भेद, चाहे वह धर्म के आधार पर हो, या वर्ण के आधार पर हो, लिंग के आधार पर हो, या रंग के आधार पर हो, मैं सब को सिरे से नकारता हूँ।

सत्ता के हर निर्णय में, मैं यह ढूँढने का प्रयास करता हूँ कि उसमें समाज के अंतिम व्यक्ति के लिए चिंता का भाव है या नहीं। किसी भी प्रकार के राजनीतिक या धार्मिक आडंबर से मुझे घोर चिढ़ है। किसी भी तथ्य को, सत्यता और न्याय-अन्याय की कसौटी पर कसे बिना, उसे न स्वीकार कर पाने की मानसिकता मेरा स्थायी स्वभाव बन गया है।

जीवन की किसी भी कठिनाई से लड़ने की मेरी शक्ति दोगुनी हो जाती है, जब मैं यह सोचता हूँ कि सरदार इस परिस्थिति में होते तो क्या करते? भगत सिंह की संगत और उनका यथार्थवाद मुझे बौद्धिक रूप से सशक्त बनाता है।

भगत सिंह की चर्चा, 'समाजवाद' की चर्चा के बिना अधूरी है। अपनी जेल डायरी के पृष्ठ-43 पर भगत सिंह ने लिखा है, *"मैं एक इंसान हूँ और मानव जाति को प्रभावित करने वाली हर चीज़ से मेरा सरोकार है।"* भगत सिंह भारत में समाजवाद के पहले व्याख्याता थे। भगत सिंह का आदर्श समाज 'समाजवाद' के सिद्धांतों पर आधारित था। उनके हर लेख, उनके हर चिंतन के मूल में समाजवाद की परिकल्पना सर्वव्यापी है। मैं सोचता हूँ कि आज अगर भगत सिंह होते तो क्या करते? **निश्चय ही वो देश में 'गरीबी रेखा' तय करने की बजाय 'अमीरी रेखा' तय करते।** किसी के पास सत्ता और धन हो तो इसका यह अर्थ नहीं कि देश के सभी संसाधनों पर उसका ही एकाधिकार हो जाए।

भगत सिंह के समाज में सब लोग समान होते और राज्य यह सुनिश्चित करता कि उसके संसाधनों पर समाज

का सर्वाधिकार हो। भगत सिंह के समाज में धर्म व्यक्तिगत आस्था की चीज़ होती, ना कि सार्वजनिक प्रदर्शन की। भगत सिंह का समाज एक तर्कशील समाज होता, जिसमें कुतर्क की कोई जगह नहीं होती। उनके समाज में सत्ता के शीर्ष पर शासक नहीं बल्कि सेवक होते। हमें ये सोचना है कि क्या हमारा आज का समाज, भगत सिंह का 'आदर्श समाज' है? अगर आप भगत सिंह के थोड़े भी करीब हैं, तो इस प्रश्न का उत्तर आपको चैन से सोने नहीं देगा।

भगत सिंह ने अपने जीवन काल में न सिर्फ तत्कालीन ब्रिटिश सत्ता को चुनौती दी, बल्कि उसने ईश्वर की परम सत्ता को भी चुनौती दी थी। भगत सिंह ने अपनी फाँसी से कुछ दिन पहले एक लेख लिखा था, जो कि उनको फाँसी दिये जाने के चार दिन बाद 27 सितंबर, 1931 को लाहौर के प्रसिद्ध अखबार 'द पीपल' में प्रकाशित हुआ। लेख का शीर्षक था **'मैं नास्तिक क्यों हूँ**।

दरअसल यह एक जवाबी खत (लेख) था, जो भगत सिंह ने लाहौर जेल में ही बंद एक अन्य स्वतंत्रता सेनानी बाबा रणधीर सिंह की नाराजगी भरी उस टिप्पणी के जवाब में लिखा था, जिसमें बाबा रणधीर सिंह ने भगत सिंह से कहा था कि, *"प्रसिद्धि से तुम्हारा दिमाग खराब हो गया है और तुम अहंकारी बन गए हो जो कि एक काले पर्दे की तरह तुम्हारे और ईश्वर के बीच खड़ी है।"*

1930 के दशक का भारतीय समाज न सिर्फ एक गुलाम समाज था, बल्कि धार्मिक रूप से एक रूढ़िवादी समाज भी था। ऐसे समाज में ईश्वर के अस्तित्व को नकारने का साहस

भगत सिंह ने किया और इसके लिए उन्होंने कई अकाट्य तर्क दिये।

भगत सिंह ने अंधविश्वास की जगह यथार्थवाद को चुना। हिन्दू, मुस्लिम, ईसाई सभी धर्मों के स्थापित मान्यताओं के विरुद्ध, उनके तार्किक प्रहारों को झेलने के लिए समाज न तो तब सहज था और न ही अब है।

अपनी नास्तिकता के पक्ष में लिखे इस लेख में भगत सिंह ने डार्विन के सिद्धान्त से लेकर विज्ञान के अन्य सिद्धांतो का भी उल्लेख किया है। इस लेख में लिखे भगत सिंह के शब्द किसी भी धार्मिक और रूढ़िवादी व्यक्ति को विषैले वाणों की तरह चुभ सकते हैं।

जातिवाद, रूढ़िवाद, गरीबी, गुलामी, मानवीय संवेदना, दुख और सत्य, इस लेख में भगत सिंह ने सिलसिलेवार ढंग से यह समझाया है कि, क्यों उन्हें ईश्वर के अस्तित्व पर यकीन नहीं। उनका कहना था कि ईश्वर के अस्तित्व को स्वीकार करना उनके व्यक्तित्व को कमजोर बनाता है। उनके दुखों और उनके यश के लिए सिर्फ और सिर्फ वो खुद जिम्मेदार हैं, न कि भगवान।

मैंने एक आजाद भारत में जन्म लिया। आज मनुष्य विज्ञान के क्षेत्र में रोज़ नए कीर्तिमान स्थापित कर रहा है।

फिर भी क्या मुझमें इतना साहस है कि मैं तर्कों के आधार पर, ईश्वर के अस्तित्व पर सवाल उठाऊँ? इस सवाल का जवाब मैं तब से ढूंढ रहा हूँ जब से भगत सिंह से मिला हूँ। आप भी ढूंढिए और जवाब न मिले तो भगत सिंह के लेख का यह अंश पढ़िये,

“पहले की ही तरह अच्छी तरह पता है कि मुकदमे का फैसला क्या होगा? एक सप्ताह में ही यह फैसला सुना दिया जाएगा। मैं अपना जीवन, एक ध्येय के लिए कुर्बान करने जा रहा हूँ, इस विचार के अतिरिक्त और क्या सांत्वना हो सकती है? ईश्वर में विश्वास रखने वाला हिन्दू पुनर्जन्म पर एक राजा होने की आशा कर सकता है, एक मुसलमान या ईसाई स्वर्ग में व्याप्त समृद्धि के आनंद की तथा अपने कष्टों और बलिदानों के लिए पुरस्कार की कल्पना कर सकता है। किन्तु मैं किस बात की आशा करूँ? मैं जानता हूँ कि जिस क्षण रस्सी का फंदा मेरी गर्दन पर लगेगा और मेरे पैरों के नीचे से तख़्ता हटेगा, वही पूर्ण विराम होगा-वही अंतिम क्षण होगा। मैं, मेरी आत्मा सब वहीं समाप्त हो जाएगी।”

लेख के अंत में भगत सिंह लिखते हैं कि, “मेरे एक दोस्त ने मुझे प्रार्थना करने को कहा। जब मैंने उसे अपने नास्तिक होने की बात बतलायी तो उसने कहा, ‘देख लेना, अपने अंतिम दिनों में तुम ईश्वर को मानने लगोगे।‘ मैंने कहा, ‘नहीं प्रिय महोदय, ऐसा नहीं होगा। ऐसा करना मेरे लिए अपमानजनक और पराजय की बात होगी। स्वार्थ के लिए मैं प्रार्थना नहीं करूंगा। दोस्तों क्या यह मेरा अहंकार है? अगर है तो मैं इसे स्वीकार करता हूँ।”

जब भगत सिंह को फाँसी की सज़ा मुकर्रर हुई तो सभी ने उनसे कहा कि वह ब्रिटिश सरकार को माफ़ीनामा लिखें। ब्रिटिश सरकार भी यही चाहती थी कि भगत सिंह माफ़ी की अर्जी दे। लेकिन सरदार नहीं माने।

आखिर में जब उनके पिता सरदार ‘किशन सिंह संधु’ ने कहा तो भगत सिंह अर्जी लिखने के लिए तैयार हो गए।

उनके पिता बड़े खुश हुए, हालांकि उनकी यह खुशी ज्यादा देर तक नहीं रही, क्योंकि अपनी फाँसी से तीन दिन पहले यानि 20 मार्च, 1931 को पंजाब के गवर्नर के नाम जो अर्जी भगत सिंह ने लिखी, उसके शब्द थे,

"महोदय, अक्टूबर 1930 को हमें फाँसी की सज़ा सुनाई गयी थी। हमारे विरुद्ध सबसे बड़ा आरोप यह लगाया गया है कि हमने सम्राट जार्ज पंचम के विरुद्ध युद्ध किया है। न्यायालय के निर्णय से दो बातें स्पष्ट हो जाती हैं। पहली यह कि अंग्रेजों और भारतीय जनता के मध्य एक युद्ध चल रहा है। दूसरा यह कि हमने निश्चित रूप से इस युद्ध में भाग लिया है। अतः हम युद्ध बंदी हैं। इस आधार पर हम आपसे मांग करते हैं कि हमारे प्रति युद्ध बंदियों जैसा ही व्यवहार किया जाये और हमें फाँसी देने के बदले गोली से उड़ा दिया जाये।" इस अर्जी के बाद किसी ने भगत सिंह से माफ़ीनामा लिखने के लिए नहीं कहा।

22 मार्च, 1931 को अपने साथियों के नाम अपने आखिरी खत में भगत सिंह ने लिखा, "साथियों, स्वाभाविक है कि जीने की इच्छा मुझमें भी होनी चाहिए, जिसे मैं छुपाना नहीं चाहता, लेकिन एक शर्त पर जिंदा रह सकता हूँ कि मैं कैद या पाबंद होकर जीना नहीं चाहता। मेरा नाम हिंदुस्तानी क्रांति का प्रतीक बन चुका है और क्रांतिकारी दल के आदर्शों व कुर्बानियों ने मुझे ऊँचा उठा दिया है, इतना ऊँचा कि जीवित रहने की स्थिति में इससे ऊँचा मैं हरगिज नहीं उठ सकता।

आज मेरी कमजोरियाँ जनता के सामने नहीं हैं। अगर मैं फाँसी से बच गया तो वे जाहिर हो जाएंगी और क्रांति

का प्रतीक-चिन्ह मद्धम पर जाएगा या संभवतः मिट ही जाएगा। लेकिन दिलेराणा ढंग से हँसते-हँसते मेरे फाँसी चढ़ने की सूरत में, हिंदुस्तानी माताएँ अपने बच्चों के भगत सिंह बनने की आरज़ू किया करेंगी और देश के लिए कुर्बानी देने वालों की तादाद इतनी बढ़ जाएगी की क्रांति को रोकना साम्राज्यवाद या तमाम शैतानी शक्तियों के बूते की बात नहीं रहेगी।

हाँ, एक विचार आज भी मेरे मन में आता है कि देश और मानवता के लिए जो कुछ करने की हसरतें मेरे दिल में थीं, उसका हज़ारवां भाग भी पूरा नहीं कर पाया। अगर स्वतंत्र, जिंदा रह सकता, तब शायद उन्हें पूरा करने का अवसर मिलता और मैं अपनी हसरतें पूरी कर सकता। इसके सिवाय मेरे मन में कोई लालच फाँसी से बचने का नहीं आया। मुझसे अधिक भाग्यशाली कौन होगा? आजकल मुझे स्वयं पर बहुत गर्व है। अब तो बड़ी बेताबी से अंतिम परीक्षा का इंतजार है। कामना है कि यह और नजदीक हो जाये। आपका साथी, भगत सिंह।"

भगत सिंह को रसगुल्ले बहुत पसंद थे। वो चार्ली चैपलिन की सारी फिल्में देखते थे। भगत सिंह एक अध्ययनशील विचारक, गंभीर पाठक, कलम के धनी, दार्शनिक, चिंतक, शायर, कवि, लेखक, पत्रकार, क्या नहीं थे। हिन्दी, अँग्रेजी, पंजाबी, संस्कृत, उर्दू और बांग्ला के अलावा वह आयरिश भाषा के भी विद्वान थे।

हँसोड़ किन्तु संजीदा, संवेदनशील किन्तु निडर, कभी एक हठी छोटा बच्चा तो कभी एक तार्किक विद्वान, ऐसे ही थे सरदार भगत सिंह संधु।

राम प्रसाद बिस्मिल का लिखा गीत 'मेरा रंग दे बसंती चोला' को झूम कर गाते हुए, निडर निर्भीक मुसकुराते हुए जो फाँसी पर झूल गए, वो मस्तमौला, वो सरफ़रोश थे सरदार भगत सिंह संधु।

अपनी फाँसी से कुछ दिन पहले 3 मार्च, 1931 को अपने भाई को लिखे पत्र में भगत सिंह ने लिखा,

उसे यह फ़िक्र है हरदम, नया तर्ज़-जफ़ा क्या है?
हमें यह शौक देखें, सितम की इंतहा क्या है?
दहर से क्यों खफ़ा रहे, चर्ख का क्यों गिला करें,
सारा जहाँ अदू सही, आओ मुकाबला करें।

कोई दम का मेहमान हूँ, ए-अहले-महफ़िल,
चरागे सहर हूँ, बुझा चाहता हूँ।
मेरी हवाओं में रहेगी, ख़यालों की बिजली,
यह मुश्त-ए-ख़ाक है फ़ानी, रहे, रहे न रहे।

जालियाँवाला बाग नरसंहार से व्यथित बाल-मन ने शायद बचपन में ही खुद को देश पर कुर्बान करने का मन बना लिया था। अंतिम समय में जब भगत सिंह की माँ 'विद्यावती' उनसे लाहौर जेल में मिलने गयी तो उन्होंने कहा, "बेटा भगत, तू इतनी छोटी उम्र में मुझे छोड़कर चला जाएगा?"

इस पर भगत सिंह ने कहा, "बेबे, मैं देश में एक ऐसा दिया जला रहा हूँ, जिसमें न तो तेल है और ना ही घी। उसमें

मेरा रक्त और विचार मिले हुए हैं। अंग्रेज़ मुझे मार सकते हैं, लेकिन मेरी सोच व मेरे विचारों को नहीं, और जब भी अन्याय व भ्रष्टाचार के खिलाफ जो भी शख़्स तुम्हें लड़ता हुआ नज़र आए, वह तुम्हारा भगत होगा।"

मौत भी इस सरदार को मार नहीं पायी, वो आज भी जिंदा हैं। मेरे, आपके, हम सब के अंदर। आपके सामने किसी के साथ कोई अन्याय हो रहा हो और कोई धीरे से आपके कानों में कहे कि इस अन्याय का प्रतिकार करो, वो भगत सिंह है। ताकतवर शोषणकारी के सामने निडर निर्भीक होकर खड़े होने का आपका जो हौसला है, वो भगत सिंह है। दूसरे के दुख में दुखी होने और उसके लिए लड़ने का आपमें जो जज़्बा है, वो भगत सिंह है।

साल 2010 में मुझे फिरोजपुर, हुसैनीवाला की उस पावन धरती पर जाने का मौका मिला, जहाँ 'शहीद-ए-आजम' भगत सिंह, राजगुरु और सुखदेव की समाधियाँ हैं। मैं आँखें बंद किए, उनको वहाँ देख रहा था। राजगुरु और सुखदेव दूर खड़े मुस्कुरा रहे थे। ऐसे में भगत सिंह चल कर मेरे पास आए और मेरे कानों में कहा "इंकलाब जिंदाबाद"!

मैंने आँखें खोली तो मेरे पीछे एक सरदार बच्चा 'जगदंबा प्रसाद मिश्र' का वह गीत गुनगुना रहा था कि,

"शहीदों की चिताओं पर

जुड़ेंगे हर बरस मेले

वतन पर मरने वालों का

यही बाक़ी निशाँ होगा॥

कभी वह दिन भी आएगा
जब अपना राज देखेंगे
जब अपनी ही ज़मीं होगी
और अपना आसमां होगा॥"

—◦—

'तुक़बंद जज़्बात' के इस पहले संस्करण में 'प्रवासी मजदूरों' का जिक्र बार-बार आया है। ऐसा इसलिए है क्योंकि विगत कुछ वर्षों में कोरोना लॉकडाउन के दौरान प्रवासी मजदूरों की दुर्दशा, उन कुछ एक सामाजिक घटनाओं में से थी, जिसने मुझे सबसे ज्यादा व्यथित और विचलित किया। और मुझे यकीन है कि इस संदर्भ में आपके जज़्बात भी मुझसे अलग नहीं होंगे।

27 मई 2020 को बिहार के मुजफ्फरपुर स्टेशन पर एक हृदय-विदारक दृश्य टीवी कैमरों में कैद हुआ। गुजरात से चलकर 'प्रवासी मजदूर स्पेशल' ट्रेन बिहार आई थी।

एक महिला जो इस लंबी यात्रा के दौरान भूख-प्यास को झेल नहीं पायी, उसका मृत शरीर स्टेशन परिसर में पड़ा था

और उसका अबोध बच्चा अपनी माँ के मृत शरीर के पास खेल रहा था।

वह बच्चा कभी अपनी माँ के आँचल को खींच कर उसे जगाने की कोशिश करता तो कभी आँचल को ओढ़ कर छिप जाता। *मृत माँ के आँचल में शायद थोड़ी जान बाकी रही होगी।*

देश की ये नन्ही उंगलियाँ
हैं गिन रही सब सिसकियाँ
क़यामत के आने की आहट है रूहे वतन
मौत से पहले की ये हिचकियाँ॥

मेरी अगली कविता 'लाज़ की चादर', उस मृत माँ के जीवित आँचल की कहानी बयां करती है।

"लाज़ की चादर"

अपने हिस्से का निवाला भी
ललना को खिलाया होगा
साँसें टूट रही होगी तब भी
ललना पे दुलार आया होगा॥

जुग जुग जिया हो ललनवा
मर कर भी सोहबर गाया होगा
रूह ने माथा चूमा होगा
जब ललना ने देह हिलाया होगा॥

इक लाज़ की चादर झीनी सी
हर आँसू से मुखड़ा छुपाया होगा

आज मंद मंद मुस्काई होगी
जब मौत ने घूंघट उठाया होगा॥

ममता का दामन अकिंचित सही
पर भूख न रंगने पाया होगा
हे निराकार हे परम ब्रह्म
दिल तो आज तेरा भी भर आया होगा॥

वो कौन है जिसे सारी दुनिया से परे बस इस बात की फ़िक्र रहती है कि आपने खाना खाया या नहीं। आप चाहे कितने भी ओवरवेट हों लेकिन उसकी नज़र में हमेशा दुबले ही होते हैं। बिना ये जाने कि गलती किसकी है, वो सारे मोहल्ले से आपके लिए लड़ जाती है। स्कूल-कॉलेज के सिलेवस के अलावा धर्म, रिवाज और परम्पराओं का आपका जो प्राथमिक ज्ञान है, ये उसी की देन है। पंचतंत्र और विक्रम-बेताल की सारी कहानियाँ जिसे मुंह-ज़बानी याद है। जो आपके पिता को भी फटकार लगा सकती है। और जिसके बनाए अचार और मुरब्बों में स्वाद मसालों से आता है या उसकी उँगलियों से, ये राज़ आज भी राज़ ही है।

आप समझ ही गए होंगे कि मैं किसकी बात कर रहा हूँ? जी सही पहचाना, 'दादी'। *दुनिया में सब लोग अलग-अलग होते होंगे, लेकिन दादियाँ सब की एक जैसी होती है।*

मेरी दादी को मैंने कुछ साल पहले खो दिया, लेकिन उसकी सारी यादें साँसों की तरह हमेशा मेरे साथ रहती है।

मेरी अगली कविता 'वो बुढ़िया' समर्पित है आपकी, मेरी और दुनिया की सारी दादियों को।

"वो बुढ़िया"

रेत का एक महल बनाया था
कंधे पे उसे टिकाया था
बुनियाद लहू से सींच कर
उसने कुटुम्ब बसाया था॥

हर आँधी से उसे बचाए रखा
उसने दिया जलाए रखा
लोहे की काया में उसने
अमृत ममता का छुपाए रखा॥

इक दिन बस यूँ ही विदा हो गई
देकर हमें यादों के जुगनू

वो बुढ़िया जो पूछती रहती थी
"खाना खैलहिं नुनू"॥

वो बुढ़िया जो पूछती रहती थी
"खाना खैलहिं नुनू"॥

<hr>

जज़्बात # 20

एक युवती कैसे स्वतः एक माँ के रूप में परिवर्तित हो जाती है, मैं इस बात का साक्षी बना साल 2017 में जब मेरी पुत्री का जन्म हुआ।

मैंने अपनी पत्नी को स्वतः स्वाभाविक रूप से माँ के रूप में ढलते देखा। मेरी पत्नी, जिसके हाथों से फिसलकर आज तक ना जाने कितने कप और प्लेट टूटे होंगे, उन बेपरवाह हाथों को नज़ाकत के साथ एक फूल सी ज़ान को संभालते देखना मेरे लिए मेरी जिंदगी के सबसे ज्यादा सुकूनियत वाले अनुभवों में से है।

एक लड़की के अंदर शायद हमेशा से एक माँ होती है, और इसलिए बच्चे के जन्म के बाद किसी भी महिला को माँ बनना सिखाना नहीं पड़ता।

मेरी बिटिया को शायद दुनिया की सबसे अच्छी माँ मिली है और मेरी अगली कविता 'देखा था तुमको माँ' एक संवाद है मेरी बेटी के दिल का उसकी माँ के दिल से। इसे मैंने 14 मई 2018 को मातृ-दिवस के दिन पंक्तिबद्ध किया था।

यदि आप भी अपने जीवन में ऐसे किसी संवाद के साक्षी रहे हों तो मुझे लिखिएगा।

"देखा था तुमको माँ"

जब आंख खुली थी पहली बार
देखा था तुमको माँ
नौ महीने सपने बुनते हजार
देखा था तुमको माँ॥

भूख नहीं लगती है मुझको
उससे पहले तुम आ जाती हो
हर कौर लगे अमृत जैसा
जाने क्या जादू चलाती हो?

मेरी ज़िद तुम्हारी हार
मेरा गुस्सा तुम्हारा प्यार

शेफ क्लीनर शॉपर टीचर
मम्मा तेरे रूप हजार॥

सुबह उठूँ तो तुझको देखूँ
हर रात लिपट कर सो जाऊँ
जब भी तुमको याद करूं माँ
तुमको अपने पास मैं पाऊँ॥

सोच ना पाऊँ जीवन का इक क्षण
कुछ भी नहीं तुम्हारे बिन माँ

तुझ संग लाड लगाऊँ कैसे
तुझको मैं बतलाऊँ कैसे
मातृदिवस...
मेरा हर दिन माँ॥

कुछ जज़्बात क्षणिक होते हैं और उन क्षणिक जज़्बातों से ही निकलती हैं कुछ क्षणिकायें। कविता को यदि हम 'मेन कोर्स' कहें तो क्षणिका को 'स्टार्टर' या 'डेसर्ट' कह सकते हैं। क्षणिका किसी ख़ास क्षण में उपजती है और अगर इसे शब्दों में समेट कर सँजो लिया जाए तो यह आपके उस क्षण को सदा के लिए स्मृति पटल पर अंकित कर देती है।

ऐसी ही कुछ क्षणिकायें आपके समक्ष प्रस्तुत कर रहा हूँ। क्षणिका की काया सूक्ष्म सही लेकिन उसके संदर्भ बड़े होते हैं। हर क्षणिका के साथ # के माध्यम से संदर्भ भी बताया है।

तो 'मेन कोर्स' को थोड़ा विराम दीजिये और 'डेसर्ट' का आनंद उठाइये।

"क्षणिकाएँ"

वो शख़्िसयत मेरी
वो ही क्षितिज मेरा
बरकत बनकर बरसता रहा मुझ पर
ख़्वाहिश नहीं कि जीतूँ जहाँ सारा
फ़कत इतना मैं हो जाऊं
कि मेरे पापा को फ़क्र हो मुझ पर॥
#miss_you_papa

मेरे कुटुम्ब की तुलसी तू है
मेरे घर की लक्ष्मी तू है
होली दशहरा ईद दिवाली
मेरी जन्माष्टमी तू है॥
#beti_wali_janmasthmi

जीने का यही
सलीक़ा-ए-सईद है
कि बाँकी तुझमें और मुझमें
अभी ये उम्मीद है
तू जो है तो ईद है
मैं जो हूँ तो ईद है॥
#eid_mubarak

like the drop of dew blossoms in sunlight
for me it was definitely 'love at first sight'
#blessed_with_a_baby_girl

छोटे शहरों के बड़े सपने, बड़े शहरों से बड़े सपने
काफ़िराना सी धड़कनों पर, जैसे साँसें जां निसार
यादों को तुम्हारी रखेंगे, हम दिलों में इस कदर अपने॥
#rip_sushanta_singh_rajput

उम्मीद है फिज़ाएं बदलेंगी
कायनात के उजड़ जाने से पहले
सब होंगे घरों में अपने
कयामत के आ जाने से पहले॥
#corona_lockdown

तुम्हे स्वर्ग की आश सही
और हम जिंदा लाश सही
तुम्हारे महल जो कभी गिर जाएंगे
बुला लेना हम फिर से बनाने आएंगे॥
#pravasi_majdoor

⸻◦⸻

'नमस्कार! मैं रवीश कुमार'। इस संबोधन से आप जरूर वाकिफ़ होंगे। जी हाँ, वही पुराने एनडीटीवी वाले और अब एक यूट्यूबर - रवीश कुमार। 'रेमन मैग्सेसे' पुरस्कार से सम्मानित रवीश कुमार देश के एक जाने माने पत्रकार हैं और अपनी निर्भीक व व्यंग्यात्मक पत्रकारिता शैली के लिए जाने जाते हैं।

याद कीजिये कि 'पिंजरा तोड़' समूह से जुड़ी जवाहरलाल नेहरू विश्वविद्यालय की दो छात्राओं नताशा नरवाल और देवांगना कलिता जिन पर UAPA की धाराएँ लगा कर जेल में डाल दिया गया था, उनको बेल देते वक़्त दिल्ली हाई कोर्ट ने क्या कहा था,

*"We are constrained to say, that it appears, that in its anxiety to suppress dissent and in the morbid fear that matters may get out of hand, **the state has blurred the line between the constitutionally guaranteed 'right to protest' and 'terrorist activity'.** If such blurring gains traction, democracy would be in peril."*

- Delhi High Court (15/06/2021)

तो एक ऐसे दौर में जब सत्ता और शासन के विरूद्ध बोलने से आपके ऊपर देशद्रोह का मुकदमा दायर होने और आपके जेल जाने का भय हो, उस दौर में निडर निर्भीक होकर सत्ता से कठिन सवाल पूछने के लिए, जनता के सरोकार की आवाज़ उठाने के लिए और सरकार की गलत नीतियों की प्रखर आलोचना करने के लिए, चाहे हम उनके प्रशंसक हों या न हों, हमें रवीश कुमार को दाद तो देनी पड़ेगी।

रेमन मैग्सेसे पुरस्कार को ग्रहण करते हुए रवीश कुमार ने कहा था कि, *"हर लड़ाई जीतने के लिए नहीं लड़ी जाती है। कुछ लड़ाइयाँ इसलिए लड़ी जाती हैं ताकि लोगों को पता रहे कि कोई था जो मैदान में खड़ा था।"* मेरी अगली कविता 'नमस्कार! मैं रवीश कुमार' मेरा सलाम है उस मुकम्मल ईमान को।

"नमस्कार! मैं रवीश कुमार"

वो एक लड़ रहा लश्कर से
सत्य के घोड़े पे सवार
तरकश में कटाक्ष के तीर लिए
थामे कलम की तलवार
नमस्कार... मैं रवीश कुमार॥

वो क़िस्सेबाज वो व्यंग्यबाज
वो लेखनी का तीरंदाज़
गोदी पहलवां दाँव लगाते
वो तर्कों से देता धोबी पछाड़
नमस्कार... मैं रवीश कुमार॥

छत छीना क्षितिज़ छीना
सोचा कर देंगे मुश्किल जीना
पर उसकी बोली क्या ही लगती
जो खुद लुटने को तैयार
नमस्कार... मैं रवीश कुमार॥

वो हँसता है झुंझलाता है
मुर्खई देख कर खिसियाता है
मलबे में ढलने से बचा रहा
भवन का वो खंभा नंबर चार
नमस्कार... मैं रवीश कुमार॥

अमृत-काल के ज़िंदा लाशों को
वो झोल झँझोड़ जगाता है
अंधों को दर्शन बाँट रहा
वो बिन ठेके का ठेकेदार
नमस्कार... मैं रवीश कुमार॥

बन कर आईना वो आता है
मुझसे मुझको रोज़ मिलाता है

जाति मज़हब का नहीं कारोबार
वो नस्लों का पहरेदार
नमस्कार... मैं रवीश कुमार॥

अग्निवीरों के जुगनू पथ पर
सीने की नाप बताता चौकीदार
बीच फ़र्ज़ी एंकरों की चीत्कार
तबे एकला खड़ा वो पत्रकार
नमस्कार... मैं रवीश कुमार॥

तालाबंदी वाला हो मज़दूर
या विश्व-गुरु वाला बेरोज़गार
किसान - सुरक्षा - शिक्षा - उपचार
हर गॉन-केस का पैरवीकार
नमस्कार... मैं रवीश कुमार॥

हर गूँगे की आवाज़ वही
जिनकी सुनता नहीं कोई

मुल्क़ की नैया फँसी मँझधार
अभी माँझी ने पर छोड़ी नहीं पतवार
नमस्कार... मैं रवीश कुमार॥

नमस्कार... मैं रवीश कुमार॥

दोस्त और दोस्ती का मतलब सोशल मीडिया पर एक दूसरे को फ़ॉलो करने और फेसबुक के एक लाइक बटन से कहीं बढ़कर होता है। नब्बे के दशक वाली हमारी पीढ़ी के लिए तो दोस्ती का मतलब कुछ और ही है। फुर्सत में घंटों बतियाना, जरूरत पड़ने पर एक दूसरे के साथ खड़े रहना और जब रोना हो तो एक दूसरे का कंधा बनना। 'दोस्त' मतलब हमारा सबसे बड़ा हमराज़ और हमारा सबसे बड़ा संबल। एक शख़्स जिस पर हम आँख बंद करके भरोसा करते हैं। *जिसके साथ हर बात पे लड़ते हैं और जिसके बगैर रह भी नहीं सकते।*

मेरे ऐसे ही एक परम मित्र को कोरोना ने मुझसे छीन लिया। उसका बेजान शरीर, उसकी पत्नी का विलाप और अबोध बच्चे का रोना, मेरे स्मृति का वो ज़ख़्म है जो कभी सूखता नहीं।

उसके जाने के बाद उसकी याद में लिखी मेरी इस कविता 'दोस्ती अपना धंधा था' को पढ़कर अगर आपको भी किसी अपने की याद आए, तो मुझे लिखिएगा।

"दोस्ती अपना धंधा था"

मेरे आँसू थे तेरा कंधा था
दोस्ती अपना धंधा था
तू मेरी चमक का सूरज था
मैं रात तू रजनीगंधा था॥

पता नहीं इससे पहले
कब इतना दर्द जिया होगा
जब साँस तेरी छूटी होगी
क्या मुझको भी याद किया होगा?

तुझे सोच कर रो लेता हूँ
जब कभी अकेला होता हूँ

तुम ना होकर भी होते हो
मैं होकर भी नहीं होता हूँ॥

लम्हें यादें और एक सूनापन
जीवन का रुख़ यूँ मोड़ गए हो

एक कहानी अधूरी सी
अबोध बचपन एक नन्हा सा
पीछे तुम जो छोड़ गए हो॥

जब जब वो मुस्काता है
आपकी छवि दिखती है
उसे गोद में लेकर आई थी
ममता-साहस के द्वंद में उलझी
भाभी जी अब कम हँसती है॥

वो अनकिये से वादे सारे
अनखाई कसमों को निभाऊंगा

जहाँ कहीं भी तुम्हें होना था
वहाँ नज़र मैं आऊँगा॥

अब जो ऐसा है तो यही सही
तेरा हाथ, हाथ में नहीं सही
मुस्तकबिल का मुँह तो मोड़ेंगे
तोड़ेंगे दम मगर
तेरा साथ ना छोड़ेंगे॥

तेरा साथ ना छोड़ेंगे॥

❦

गौरव वर्मा | 101

जज़्बात # 24

अपनी शादी की दसवीं सालगिरह पर मैंने अपनी पत्नी से पूछा कि, उसे इस बार तोहफ़े में क्या चाहिए? जवाब में उसने एक अलग ही चीज़ माँगी। उसने मुझसे कहा, "आप दुनिया भर के लोगो के लिए लिखते रहते हो, लेकिन मेरे बारे में आज तक कुछ नहीं लिखा। इसलिए मैं चाहती हूँ एक कविता आप सिर्फ मेरे बारे में लिखो और यही इस बार सालगिरह का मेरा तोहफ़ा होगा।"

आपको यह एक छोटी सी फ़रमाइश लग रही होगी लेकिन सच मानिए यह इतनी भी आसान चीज़ नहीं थी। ख़ैर, पूरे दिन की मशक्कत के बाद मैंने कुछ पंक्तियाँ लिखी और काँपते हाथों और धड़कते दिल के साथ कागज का पन्ना मैडम के हाथों में पकड़ाया। कविता को पढ़ने के बाद उसके होठों पे जो मुस्कुराहट आई, वो मेरे लिए सालगिरह का तोहफ़ा था।

मेरी अगली कविता 'one will be there' के बोल भले ही अंग्रेज़ी में है, लेकिन इसे पढ़ने के बाद आप जान जाएंगे कि जज़्बात पूरे देसी हैं।

"one will be there"

10 years ago
the journey changed
from solo to pair...
since all worries & joy
we are meant to share!!

it's been a decade
of me being carefree
& you taking care!!

wedding is one of the
best things happened to me
yes!! it's a feeling
I use to share... very rare!!

marriage for me
is like... both of us knowing
that in no matter what
for the other...
one will be there!!

—◦∞◦—

जज़्बात # 25

मैं जब छोटा था तो मेरे घर पर पापा के एक मित्र आया करते थे, जो आते ही मुझसे और मेरे छोटे भाई-बहन से गणित, विज्ञान और सामान्य ज्ञान आदि के सवाल पूछने लगते। हालत यह थी कि, उनके हमारे घर में आने पर हमें यही फ़िक्र रहती कि कहीं हम उनके सामने न पड़ जाएँ। कोई बाथरूम भागता तो कोई दादी के पास जा कर छुपता।

आपके बचपन में भी ऐसे कोई अंकल या फूफ़ा जरूर होंगे।

'कोरोना' जब आया तो यह भी मुझे ऐसे ही किसी अंकल या फूफ़ा की तरह प्रतीत हुआ। इसने आ कर हमारी हँसी, खुशी, आज़ादी सब को तबाह कर दिया। लोग इससे बचने के लिए अपने-अपने घरों में छिप गए। कहीं ये पहचान न ले, लोग मास्क लगा कर घूमने लगे।

मेरी अगली कविता 'कोरोना!! अभी रहने दो न' इसी 'कोरोना अंकल' से की गयी हम बच्चों की विनती है।

"कोरोना!! अभी रहने दो न…"

कोरोना!!
अभी रहने दो ना…

पापा के पैर थोड़ा और दबा लूँ
मम्मी को गले थोड़ा और लगा लूँ
शतरंज की बाजी भाई के संग
बहना को थोड़ा चिढ़ाने दो ना
कोरोना!! अभी रहने दो न…

कैंडी क्रश का अगला स्टेज
आईपीएल का अगला फेज़

कई दिन हुए बात नहीं हुई
दोस्तों संग थोड़ा बतियाने दो ना
कोरोना!! अभी रहने दो न…

अभी तो गोवा जाना है
वाइफ को समंदर दिखाना है
जितने भी किए वादे उससे
उन सब को ज़रा निभाने दो ना
कोरोना!! अभी रहने दो न...

बिटिया के संग नाचूँ गाऊँ
उसकी सफलता पे इतराऊँ
छोटी परी मेरी बड़ी हो जाए
पिता के सपने मुझे जीने दो ना
कोरोना!! अभी रहने दो न...

अभी थोड़ा बूढ़ा हो जाऊँ
छड़ी लेकर पार्क टहलने जाऊँ
बच्चे के बच्चों को क़िस्से सुनाऊँ
दादा-नाना बन जाने दो ना
कोरोना!! अभी रहने दो न...

कोरोना!! अभी रहने दो न...

ऑफिस में मेरा एक सहकर्मी है 'पंकज'। कहने को तो वो भी मेरी ही तरह एक बैंकर है, लेकिन उसका असली पैशन है 'गाना'। उसकी अपनी एक म्यूज़िकल टीम है और उसका अपना एक यूट्यूब चैनल भी है, जहाँ वो नए-पुराने हिन्दी और नेपाली गाने अपनी आवाज़ और अपने अंदाज़ में गाता है।

एक सुबह पंकज मेरे पास आया और मुझसे कहा कि उसने अपने म्यूज़िकल टीम के साथ मिल कर एक ऑरिजिनल धुन बनाई है और वो चाहता है कि मैं उसके बोल लिखूँ। वो यह गाना अपने बेटे के जन्मदिन के मौके पर लॉन्च करना चाहता था।

किसी ऑरिजिनल धुन पर गाने के बोल लिखना, ये मैंने पहले कभी नहीं किया था।

अगले दिन रविवार की छुट्टी थी। मैं सारा दिन धुन सुनता रहा और उस पर बोल बिठाता रहा। शाम तक मैंने पूरे गाने के बोल लिख दिये।

मैंने सोचा कि, जावेद अख़्तर, गुलज़ार जैसे महान गीतकार भी क्या ऐसे ही गानों के बोल लिखते होंगे। *मैं खुद में ही मुस्कुरा रहा था। यह एक अजीब तरह के आत्मगौरव का अहसास था।*

गाने के बोल पंकज और उसकी टीम को बहुत पसंद आए। पंकज की मखमली आवाज़ में जब यह गाना 'तुम्हारे आने से' यूट्यूब पर लॉन्च हुआ तो गीतकार की जगह अपना नाम देख कर मैं फुला न समाया। कविता के साथ गाने का लिंक भी दिया है, सुनिएगा जरूर।

तुकबंदी # 26

"तुम्हारे आने से"

हो हो... हो हो...
सागर में जैसे कोई
मोती मिला है...
तुम्हारे आने से
इस जीवन में...

दिल में मेरे जैसे बज़ी
शहनाई है...
साज़-ए-दिल बजाया है
यूँ तुमने

जो चाहा था दिल ने
खुदा से वो मिला है

बगिया में नया सा
इक फूल खिला है...
हो हो... हो हो...

दिन नया रातें नयी
लगती है मुझको
देखता हूँ मैं जब भी
तेरे चेहरे को

फ़िक्रों गम शिकवे अपने
भुला के सब को
सुनता हूँ मैं तेरी
मासूम बातों को

देखूँ... जो तुझको
तो सोचूँ मैं यही
मेरा ही एक अंश तू है...

सजाया खुदा ने
जो मेरे आँगन में
खुशियों की वही नेमत तू है...
हो हो... हो हो...

तेरे मेरे दिल की जो
डोर जुड़ी है
पतंग बन उड़ जाऊँ मैं
नील गगन में

हम - कदम...
हम - अश्क...
हम - साया हैं
चाँद जो मुस्काया है
आज चमन में

सपने जो मिलके
सँजोये थे हमने
सच हुए हैं सारे
इक तेरे आने से

हो हो... हो हो...
हो हो... हो हो...

जज़्बात # 27, 28 & 29

बारहवीं के बाद मैं दिल्ली गया, स्नातक के साथ-साथ सिविल सेवा की परीक्षा की तैयारी के लिए। मेरे पिता जी एक साधारण रेल कर्मचारी थे। उनके लिए मुझे दिल्ली भेजना और कोचिंग की फीस भरना आसान नहीं था। घर का सबसे बड़ा लड़का होने के नाते मुझ पर अतिरिक्त दबाव था कि मैं अपने आचरण व उपलब्धियों से उदाहरण पेश करूँ, रोल मॉडल बनूँ अपने छोटे भाई-बहन के लिए। यूँ कहिए कि माता-पिता, भाई-बहन और पूरे कुटुंब की अपेक्षाएँ मुझसे जुड़ी थी।

अपने प्रथम प्रयास में मैं असफल हुआ। दूसरे प्रयास में फिर से असफल हुआ। संवेदनशील तो मैं था ही, ऊपर से इस दोहरी असफलता की आत्मग्लानि ने मुझे अवसाद (डिप्रेशन) की गहरी खाई में धकेल दिया।

मैं दिल्ली छोड़ कर घर वापस आ गया और खुद को सबसे अलग-थलग कर लिया। मैं एक कमरे में बंद रहता। किसी भी दोस्त या रिश्तेदार से मिलने या बात करने से बचता। किसी पारिवारिक समारोह में मेरे शामिल होने का तो प्रश्न ही नहीं था। *मुझे ऐसा लगता जैसे हर नज़र मुझे ही देख रही है, मुझसे सवाल पूछ रही है, मुझे ताने मार रही है, मुझ पर हँस रही है।*

इस अवसाद के साथ मेरा द्वंद और इससे उबरने का मेरा संघर्ष बहुत कठिन था। एक वक़्त ऐसा भी आया जब मेरे परिवार ने भी ये मान लिया था कि मैं अब कभी इस अवसाद से उबर नहीं पाऊँगा। अपनी उस अवस्था के बारे में सोच कर आज भी मेरे रोंगटे खड़े हो जाते हैं।

मेरी अगली तीन कवितायें 'भूरे सपने', 'रब ही जाने' और 'आँखों की गवाही' मैंने अवसाद के उसी दौर में लिखी थी।

इन कविताओं के शब्द शायद आपको अपरिपक्व लगें, किन्तु आपसे अनुरोध है कि इन कविताओं को आप एक तेईस-चौबीस साल के उस नौजवान के संवेदनाओं की अभिव्यक्ति के रूप में देखें, जिसने अपनी जिंदगी की पहली बड़ी असफलता देखी है और अपने आत्मग्लानि के बोध से उबरने के लिए संघर्षरत है।

"भूरे सपने"

सपने सभी देखते हैं
अनगिनत आँखों के अनगिनत सपने
सँजो कर रखते हैं आँखों में सभी
ख़्वाब अपने अपने॥

क्या कभी सोचा है आपने
कितनों के होते हैं सपने पूरे?
कितनों को मिलती है मंज़िल उनकी
कितनों के होते हैं अरमान पूरे?

ख़्वाबों को हकीकत में ढलने के लिए
तकदीरों का मुक़द्दर बदलने के लिए

करते हैं सभी प्रयास
पर कितनों की पूरी होती है आस?

सपने सभी के रह जाते हैं अधूरे
हरे-हरे सपने हो जाते हैं भूरे
फिर शुरू होती है वही जंग
जरूरतें लड़ती हैं सपनों के संग॥

सपने टूट कर बिखर जाते हैं
अरमानों के चीथड़े उड़ जाते हैं
कोई लड़ता है अपनी तकदीर से
तो कोई हाथों की लकीर से॥

मैं ये नहीं कहता
कि सपनों को भुला दो
दबा दो चाहतों को
अरमानों को सुला दो॥

पर ख़्वाबों के बिखरे टुकड़े
उठाए नहीं जाते
टूटे सपनों से
किस्मत आजमाए नहीं जाते॥

सपनों से भूख
मिटाये नहीं जाते
सपनों से बेटियाँ ब्याही नहीं जाती
सपनों से दहेज जुटाये नहीं जाते॥

सपनों को निवाला बनाया नहीं जाता
कि सपने खाये नहीं जाते॥

❧

"रब ही जाने"

वक़्त ने ऐसी हालत कर दी
बेशर्मी से शर्माता हूँ
लम्हों की कसमें खाता हूँ
सपनों की दुहाई देता हूँ॥

क्यों कर ऐसा कर दिया मैंने
हर इक लम्हा पछताता हूँ
अंधों तक से नज़र मिलाने से
ना जाने क्यों कतराता हूँ॥

लाख संभल कर चलता हूँ
हर मोड़ पे गिर ही जाता हूँ

लंगड़ों संग दौड़ लगाता हूँ
नासमझों को समझाता हूँ॥

रब ही जाने पीर मेरी
कि कैसे जी बहलाता हूँ
गूँगों की बातें सुनता हूँ
बहरों को बात सुनाता हूँ॥

अपनी मंजिल खो दी मैंने
अब औरों को राह दिखाता हूँ
लम्हों की कसमें खाता हूँ
सपनों की दुहाई देता हूँ॥

"आँखों की गवाही"

जब कोई भी नहीं होता है
बस तनहाई होती है
दिल कतरा-कतरा रोता है
आँखों की गवाही होती है॥

नाकामी के पंचायत में
जब सपनों की हँसाई होती है
साथ में नहीं तब अपने
अपनी परछाई होती है॥

किसी बेवा के आँचल पर
यूँ रंगो की पुताई होती है

दर्द के सौदागर संग जैसे
खुशियों की सगाई होती है॥

राख़ हो चुकी बस्ती में
जब फिर से आग लगाई जाती है
और झूठ के कफनों में लिपटी
हर सच्चाई होती है॥

उस पल गर दिल की सुनता हूँ
तो आवाज़ सुनाई देती है
ख़ुदा कहाँ है ख़ुदा कहाँ है
कहाँ ख़ुदाई होती है?

⸻❦⸻

साल 1968 में एक फिल्म आई थी 'मेरे हमदम मेरे दोस्त'। इस फिल्म का एक गाना है 'हुई शाम उनका ख़्याल आ गया' जिसे मोहम्मद रफ़ी ने अपनी जादुई आवाज़ में गाया है।

यह गाना मेरे पसंदीदा गानों में से एक है। मैं अक्सर यह गाना सुनता हूँ और इस गाने के बोल में जो 'उनका' शब्द है, जीवन के विभिन्न पड़ावों पर मेरे लिए इसके मायने बदलते रहे हैं।

सोलह-सत्रह साल की उम्र में जब फिल्मों और गानों के मतलब समझ में आने लगे थे, तब 'उनका' का मतलब था वो 'पहला प्यार'। बारहवीं के बाद जब स्कूल छूटा तो 'उनका' के मायने थे 'पुराने दोस्त'। जब पढ़ाई के लिए पहली बार घर से बाहर गया तो 'उनका' का मतलब हो गया 'माँ'। कहने का अर्थ यह है कि समय के साथ 'उनका' के मायने बदलते रहे हैं।

नवंबर 2022 में पिता जी को खोने के बाद आजकल 'उनका' का स्थान 'पापा' ने ले लिया है। जब कभी अपनी किसी समस्या को पापा के साथ साझा करता था तो संवाद के अंत में वो हमेशा यह कहते कि, *"तुम चिंता मत करो, हम*

हैं ना!" उनका ये कहना, समस्या से लड़ने की मेरी शक्ति को दोगुना कर देता। अब मुझसे यह कोई नहीं कहता।

पापा की कमी बहुत खलती है। किसी शाम चुपचाप बैठे हुए, उनकी यादों से जुड़े अपने जज़्बातों को जब शब्द देने की कोशिश करता हूँ तब जो पंक्तियाँ बनती हैं, मेरी अगली दो कवितायें 'आपका होना' और 'शिकवे और कई हैं' उन्हीं में से हैं। गाने का लिंक भी नीचे दे रहा हूँ, किसी शाम चाय की चुस्कियों के साथ सुनिएगा।

तुकबंदी # 30

"आपका होना"

कहने को यूँ तो सब हैं
पर पापा आपका होना कुछ और ही था॥

फ़िक्रें सारी आपके हिस्से
चैन से वो मेरा सोना कुछ और ही था॥
पेशानी की लकीरें जँचती तो ना थी
पर एक उनमें मेरे नाम का होना कुछ और ही था॥

राज दुलारा कहे कोई कुल का दीपक
पर आपका चंद्र खिलौना होना कुछ और ही था॥
यूँ तो क्या ही जीता मैंने
पर मुझ पर आपके फ़क्र का होना कुछ और ही था॥

दीवारों दर का मोहताज़ ना सही
सर पर लेकिन उस छत का होना कुछ और ही था॥
आपका मेरे साथ ना होना
फिर भी हरदम साथ में होना कुछ और ही था॥

हिचकियाँ आनी अब बंद हो गई
ज़िक्रों में आपकी वो मेरा होना कुछ और ही था॥
कहने को यूँ तो सब हैं
पर पापा आपका होना कुछ और ही था॥

तुकबंदी # 31

"शिकवे और कई हैं"

जिधर देखूँ हर चीज नई है
ये दुनिया जैसे अभी बनी है॥

क्या गलत है क्या सही है
किस ओर बढ़ूँ ये पता नहीं है॥

इक बार लिपट कर रो ना पाया
यूँ तो शिकवे और कई हैं॥

हाथों की लकीरें अब बेपर्दा हैं
वो मुट्ठी जब से खुल सी गई है॥

इस वक़्त यदि आप यह पन्ना पढ़ रहे हैं तो इसका मतलब है कि आपने यह पुस्तक पूरी पढ़ी है। और शायद यह पुस्तक आपको कहीं न कहीं पसंद भी आई है, क्योंकि इलक्ट्रानिक और सोशल मीडिया के इस दौर में कोई पुस्तक हाथ में लेना और उसे पूरा पढ़ना तभी संभव है जब उस पुस्तक के साथ आप एक स्वाभाविक जुड़ाव महसूस करें।

आपका एक बार फ़िर से धन्यवाद इस पुस्तक को खरीदने और इसे पूरा पढ़ने के लिए।

अब समय आ गया है आपसे विदा लेने का। मेरी अगली कविता 'कुछ हिस्सा मेरा' जो कि तुकबंद-जज़्बात के इस संस्करण की अंतिम कविता है, इसे मैं अक्सर विदाई के मौके पर सुनाया करता हूँ।

आपसे क्या कह कर विदा लूँ?

मैं ऐसा कोई सटीक शब्द ढूंढ रहा था, जब मुझे ख्याल आया कि एक ऐसा शब्द है तो सही। दरअसल अपनी पेशेवर जिंदगी का एक बड़ा हिस्सा मैंने बंगाल में गुज़ारा है और बंगाल में जब कोई आपसे विदा लेता है तो कहता है 'आशची', यानि 'आता हूँ'। यहाँ विदा लेते समय 'जाता हूँ' की बजाय 'आता हूँ' कहने को शुभ मानते हैं।

सोशल मीडिया और ईमेल पर आपके संदेशों का इंतज़ार रहेगा। जज़्बातों की तुकबंदी जारी रहेगी और तुकबंदी का गुल्लक जब फिर से भर जाएगा तो एक बार फिर हाजिर हो जाऊंगा 'तुकबंद जज़्बात' के अगले संस्करण के साथ अपने जज़्बातों की जमापूंजी को आप सब के साथ साझा करने के लिए।

आशची।

"कुछ हिस्सा मेरा"

किसी का क्या कसूर है
दुनिया है!
यहाँ मिलना और बिछड़ना
तो दस्तूर है॥

कुछ जुगनू थे कुछ तारे थे
कुछ आँखों के नूर हुए
खुश हूँ कि पौधे पेड़ हुए
भले हम छाँव से दूर हुए॥

दुनिया बहुत छोटी है
और बड़ी भी

पता नहीं अबकी जो बिछड़े
तो कब मिलना हो पाएगा?

पता है तो बस इतना कि

कुछ हिस्सा मेरा
आपके साथ जाएगा
कुछ हिस्सा आपका
मेरे पास रह जाएगा॥

———◦○◦———

"Merciless criticism & independent thinking are two traits of revolutionary thinking. Lovers, lunatics & poets are made of same stuff."

- Bhagat Singh

फ़ेसबूक का पन्ना

इंस्टाग्राम की ठौर

ईमेल का ठिकाना